成功者続出！

最強の人材育成メソッド

阿部 観
Mitsuru Abe

SOGO HOREI PUBLISHING CO., LTD

はじめに

営業先などで、

「私は野球部の出身です」

と言うと、お客さんから、

「お、どこなの？」

と尋ねられることから、話が盛り上がることがよくあります。

学生時代に運動部に所属していた方は共感していただけると思いますが、部活動でスポーツをしていた経験があると、初対面の人でも信頼してもらいやすいような気がします。

おそらく昭和のころの「スポ根」が思い浮かび、厳しい練習や上下関係を乗り越え忍耐力や礼儀を備えていると思われるからでしょう。中でも野球部というのはその最たるものです。

私の出身校である愛工大名電高校野球部は、当時の監督である中村豪《たけし》氏の指導のもと、鴻野淳基氏、工藤公康氏、中村稔氏、山﨑武司氏、イチローこと鈴木一朗氏など多くのプロ野球選手を輩出しています。中村監督退任後も堂上兄弟や丸山貴史氏、柴田亮輔氏などがプロ入りを果たしました。

このように、プロの世界でも通用する人物を数多く輩出している実績を持つ野球部なのですが、私はあるとき、愛工大名電高校野球部出身者が野球以外の分野でも活躍している人が多いことに気づきました。

そこで、本書にも登場するＯＢ会長の奥村氏に尋ねると、彼自身も経営者であり、ほかのＯＢたちの近況を教えてくれました。すると、私の予想した通り「彼も経営者だよ、彼もだよ」というように次から次へと名前があがってきたのです。

なぜこんなにも経営者が多いのだろう、彼らは高校を卒業後、どのような道を歩み、なぜ経営という道を選んだのだろうという疑問がわいてきました。

私自身は、高校卒業後、就職した後に名古屋で始めた事業の失敗により、借金を抱えることになります。恥ずかしい話ではありますが、経営に問題はなかったにも関わらず、生活面で金銭感覚がマヒしてしまったことが失敗の原因でした。

蜘蛛の子を散らすように私の周りから人が去っていき、会社や人だけでなく、私はやる気さえも奪われたように感じました。しかし、落ち込んでいても借金が減るわけではありません。返済のため、何より家族を養うためにも働かなくてはいけません。

私はリセットという意味も込め、名古屋から上京することにし、平成一一年の一月に一人で軽貨物運送の仕事を始めました。そして一五年続けた現在、運送業をトータルにカバーする会社を三社立ち上げ、委託・提携しているグループは約七〇社以上、グループの総車両台数は約三〇〇〇台を超えるまでに成長しました。

一度目の失敗からどうして立ち上がれたのか、なぜここまでこの仕事を続けてこられたのか。振り返って考えてみると、いつも同じ思いが支えになってきたように思います。それは、

「野球部時代以上につらいことはない」

というものです。野球部での生活は言葉に表すのが難しいほど過酷なものでした。あれよりつらいことはないと思えば何でも乗り越えられるような勇気やガッツがわいてくるのです。

私は幼いころから体を動かすのが好きで、小学生のころから野球をしていました。中学生になると少々やんちゃな友人と仲良くなったりもしたのですが、野球はずっと続けていました。中学を出たらすぐに働きたいという私に、両親は「高校ぐらいは卒業してほしい」と言うので、ならば好きな野球ができる、「野球の名門校に進学したい」と考えるようになりました。そこで、いとこで二学年年上の新井正氏の通っていた愛工大名電のセレクション（入部試験）を受けることにしたのです。

セレクションはギリギリで合格できましたが、入部前の中学三年生の冬休みに開かれるキャ

ンプに参加した瞬間に、（場違いなところに来てしまったかもしれない……）と思いました。

キャンプは愛知県内の市民球場を丸ごと一週間借り切って行われ、そこには世界大会出場や全国大会で優勝した経験を持つ野球のエリートである同級生たちが揃っていました。不良少年と遊んでいて、遊びながら野球をやっていた私はスケールの違いに大きなショックを受けました。

実力差を見せつけられても、腐らず、諦めずにやり遂げられるのか、それとも逃げるのか。初めて大きな覚悟を問われたような気がしました。そして私は、「何としてもついていこう」という決意をしたのです。


卒業生はみな口を揃えて言っていますが、練習、寮生活は本当に「厳しかった」の一言に尽きます。監督やコーチはもちろん、先輩の言うことは絶対。同級生はライバル。理不尽さと競争の中で常にプレッシャーにさらされ、どうしたら練習や寮生活で結果を出すことができるだろうかと考える日々でした。

しかし、その経験や中村監督の言葉が、社会に出た今、私を支えてくれています。

社会人になると、決断をしなければいけない場面や人生の転機が幾度となく訪れます。特に会社の経営となると、事業の目標達成のために時間を問わず働かなくてはいけないし、頑張ったからといっても結果の確約はありません。

不安になっても、うまく行かなくても、人前でつらい顔はできません。目上の方とのつき合い方、社員への指導力も問われます。

やりがいも大きいですが、それ以上に、どの瞬間にも緊張感とプレッシャーがついて回ります。そのプレッシャーを乗り越える力を私は中村監督から教わりました。

特に、「一流」でいるということ、「極める」ということを私たちは学びました。

極めるためには、即座に反応することが求められます。何か言われたり、起こったりしたときに頭で考えて行動するのでは「遅い」のです。

例えば、プロ野球の世界では、一五〇キロの球が飛んで来ます。それを頭で考えていたらとても打ち返せません。私たちの練習でもピッチングマシーンから飛び出してくる球を「打とう」とした途端に、ボールは側を通り抜けていきました。

一流になるには、体が自然に反応するところまで繰り返し訓練をしなければならないのです。そしてそれは野球に限らず、どのスポーツにも、またはビジネスにも通じているのだと思います。アスリートでも、芸術家でも、経営者でも、突出している人というのはみな、その道を極めた人ばかりです。何かを極めると一流になるのだということを学びました。

中村監督にはたくさんのお言葉をいただきました。

例えば、「人生のレギュラーになれ」や「雨上がりの筍《たけのこ》が一番伸びる」といった人生訓を教わりました。正直に言えば、高校生のころはその意味を本当に理解することができませんでした。しかしその言葉はずっと心に残っていて、今はっきりとそこには人生を生きるにおいて大切なエッセンスが詰まっているのだとわかります。

そのエッセンスとは何か。それは、諦めないこと、自立すること、気配り目配りすることといった大変シンプルなことばかりです。

本書に登場する経営者たちは、皆、多くの試練や大きな人生の転機に直面してきました。そのときに教えがどのように活かされたのか。各章を通じて、中村監督が私たちに教えてくれたことをみなさんと共有したいと思っています。

私たちの経験が、みなさんの活力になれば幸いです。

阿部観

もくじ

はじめに…2

序　章　中村豪元監督―「人生のレギュラー」を目指してコツコツやることが大切…11

第1章　山﨑武司―どんなときにもチャンスはあり、それを掴むことで人生の可能性が広がっていく…35

第2章　奥村拓―いつも驚かされた監督の発想力…57

第3章　横井隆幸―監督の「臥薪嘗胆」が、今効いている…79

第4章　角将人―人に助けてもらう人になることを学んだ…95

第5章　間瀬英樹―「名電魂」が今を生きる原動力。白血病の克服と車いす生活…109

第6章　新井正―日々の鍛練で培われた勝負場面での冷静さ…133

第7章　杉山智啓―監督の教育には「理不尽さ」がなかった…149

第8章　祖父江利光―監督から学んだ「耐えて、続けること」…163

第９章　大村圭二――「人生の甲子園」はまだはるか遠くにある…191
第10章　中村基昭――「雨上がりの 筍《たけのこ》 は急成長するんだ」の言葉を胸に刻んで…211
第11章　中村稔――「お前の役目は後輩の面倒をみてやることだ！」…229
第12章　中里高之――野球を終えてからが勝負だ。最後は人生で勝つようなことを学んでいけ…247
第13章　鈴木真悟――監督の涙は今でも忘れられない…265
第14章　中村龍明――野球を全力でやりきったからこそできた「ゼロ」からの出発…281
第15章　細川正臣――「お前がそんなこと言うな！」一番としての自分の役割を痛感…299
第16章　竹本剛志――「必ず三年間やります」という約束の先にあったもの…319
おわりに…332

序章

中村豪元監督

「人生のレギュラー」を目指して
コツコツやることが大切

中村《なかむら》　豪《たけし》元監督

一九四二年生まれ。名古屋電気工業高校（現愛工大名電高校）から愛知学院大学に進学。大学時代は野球部の主将も務めた。

卒業後は電電東海（現ＮＴＴ東海）の野球部に在籍。

引退後は一九七八年から一九九七年まで愛工大名電高校の野球部監督を務め、春二回、夏三回の甲子園出場を果たす。

工藤公康、山﨑武司、イチローなど多数のプロ野球選手を生み出す。

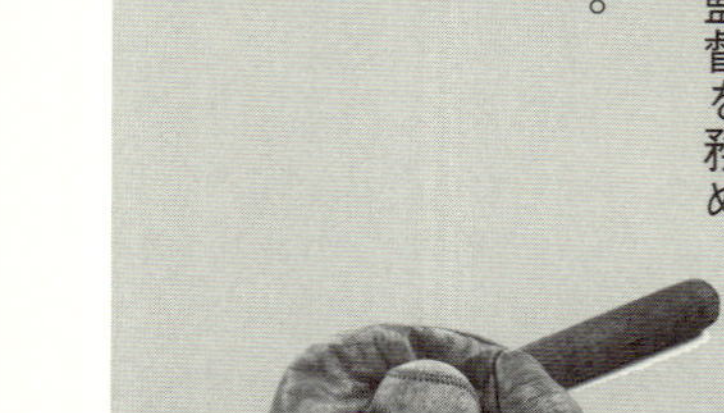

私もかつては、愛工大名電高校野球部員だった

今は全国で講演会などを開かせてもらっていますが、高校野球の監督として必死だったあの日々とは一体何だったのだろうと、引退した今静かに考えるようになりました。

かつては私も愛工大名電高校野球部の部員でした。まだ名古屋電気高校だったころで、野球よりも卓球で名の通っていた学校でした。

やんちゃな生徒も多く、近くにあった女子高では「寄るな名電、触るな中京、亨栄見たら一一〇番」という標語まであったほどです。

中学生のときに、中日少年野球大会という大会が開催されるようになりました。

私が通っていた桜田中学の野球部はわりと強かったので決勝まで進むことができたのですが、決勝戦で中京中学に圧倒的な力の差で負けてしまいました。

大会の終わりに、中京高校から「うちの野球部に入らないか？」と声をかけられました。

しかし、そのときの敗北があまりにも悔しくて、「絶対に中京を倒したる！」という反骨心

が生まれ、そのスカウトを断りました。

すると、名古屋電気高校からも「うちに来てくれないか」というオファーが来たのです。（名古屋電気とはどこの会社だろうか？）というのがそのときの感想でした。そして街の真ん中にある、その学校を見に行くと、そこにはグラウンドがありませんでした。（本当にここで野球ができるんか……？）と不安になったことを覚えています。


練習には名古屋工業大学のグラウンドを使わせてもらいました。そして私が一年生の秋に県大会の新人戦で中京高校と当たることになります。

九回の裏、ツーアウトまで二対〇で勝っていたこともあり、これであのときの雪辱を果たすことができると思いました。

しかし、そこはさすがに強豪校、簡単に勝たせてはくれません。あと一つアウトをとればこちらの勝利というときに、打たれた球をレフトが落球してしまったのです。すると、この一つのミスを突破口にしてあっという間に延長戦に持ち込まれ、逆転されてしまいました。

そして中京高校は翌年の甲子園で全国制覇を果たしたのです。

私はと言えば、その後の大会ではさしたる結果も残せず、中京高校へのリベンジも果たすこともできず、甲子園とはなんて遠い場所なのだろうと辛酸をなめました。

大学、社会人と野球を続けた後、愛工大名電高校野球部監督就任へ

高校を卒業した後は、ある会社の野球部に入りましたが、都市対抗の予選に負けて二か月でチームをクビになりました。

これからは仕事をするようにと言われたのですが、どうしても野球を続けたかった一八歳の私は、一年遅れて大学へ進学することにしました。

私の家は母子家庭で生活が苦しかったこともあり、母からは何度も「大学へ行くのは考え直してくれないか」と言われました。しかし最終的には野球に対する情熱を認めてもらい、愛知学院大学に進学することができました。

卒業後は電電東海（現在のＮＴＴ東海）に入社し、社会人野球のチームに入りました。

そのころには結婚していたのですが、給料は月に一万三〇〇〇円でしかも二回払いという制度でした。洋服の月賦を支払って、居酒屋のツケなどの支払いをすると手元にはほんのわずかなお金しか残りません。

（このままじゃ生活が成り立たないぞ……）

そう思った私は転職することに決めました。これからは会社員として一生誰かのもとで働くのではなく、自分にしかできないような仕事をするべきだと思ったのです。

そこで、ひらめいたのが野球のトレーナーでした。

そしてトレーナーの養成学校へ行き、マッサージ師の資格を取得したのです。

そのころには二人の娘が生まれていたので、家族を養いながらの通学は苦労の連続でした。

資格を取得して独立を果たすと、愛工大名電高校から「野球部の監督をやらないか？」という誘いがありました。私に白羽の矢が立ったのは、社会人としての経験など野球以外の経験があるほうがいいと学校側が考えていたからのようです。

三五歳の春に独立し、その年の夏、私は高校野球の監督になりました。

はじめは二、三年続けられたらいいかなと思っていたのですが、二〇年以上監督として生活するわけですから人生というのは不思議なものだなと思います。

鴻野淳基は、一目でいい選手だとわかった

グラウンドに入ると、すぐに二年生の鴻野淳基が目に留まりました。

（ああ、ええ選手がおるな……）

夏の日差しのなか汗をかきながら練習している学生たちを見ていると、甲子園やプロ野球選手になることを夢見ていた自分が思い出されました。

私は自分が果たせなかった夢を子どもたちに託したいと思ったのです。


就任後、初めて迎えた大きな勝負は地区予選の決勝戦でした。

夏休み最後の日に行われるこの試合は、勝てば県大会に出られる大事な一戦です。

それまで休みもなく練習してきたのですが、結果は負けてしまいました。

県大会への切符を逃してしまったと思いましたが、勝負の神様の気まぐれで、私たちが敗れた高校が他校に負け、三つ巴となり、私たちにワンモアチャンスが回ってきました。

（このチャンスはこの子たちや私の転機になるぞ）

そう考えた私は、試合前に何か演出をしなければいけないと思いました。

そこで、部員を集めて、

「俺もたるんどった！　悪かった！　気合いを入れ直そう！」

と、とにかく思いの限りをぶつけたのです。

そして部員たちにも遠慮なく胸の内を吐き出させました。九名対私一人。お互いに泣きながら思いをぶつけあいました。するとそこで確かな結束力が生まれたのを感じました。

「明日の試合は絶対に勝とう!」

全員の気持ちが一つになったのです。


また、ピッチャーの経験がなかった鴻野淳基をピッチャーに指名しました。

試合は苦戦する場面もありましたが、勝利を収め、初めての県大会出場を果たします。

当時はリーグ戦で、中京高校、愛知高校、名電高校と三校で東海大会への出場をかけて競い合っていました。ほぼ互角に戦ったなかで、愛知高校が優勝し、名電が二位で東海大会に出場することになりました。

結論から言うと、そこで静岡商業高校に敗退してしまうのですが、そのときに私は、

(ひょっとしたら甲子園もそう遠くないのかもしれない……)

という感触を得ました。


そして鴻野が卒業した後、工藤公康や中村稔、高橋雅裕らが新入生として入部してきました。

その資質を見て、彼らが三年生になったら甲子園に行くのだというビジョンが見えたような気がしました。

そしてその夢がついに実現するのです。

皆、「地獄」と言われる寮生活の中で力をつけた

工藤公康たちの学年は、九名中四名がドラフト指名されるというスター選手が豊作の年でした。彼らは恵まれた体格やセンスを持っていましたが、それに甘んじることなく、甲子園に行くまでには凄まじい努力をしてきました。

練習はもちろん、時に「地獄」と言われるような寮生活の中でも、夢に向かって必死にしがみついていたのです。

私自身も学生時代は先輩後輩という縦社会の中で過ごしてきました。ですから、寮の中ではどのようなことが起こっているのか予想はつきました。

しかし、そこをあえてコントロールすることはしませんでした。その厳しさに耐えて乗り越えることで、目上の人とのつき合い方、細部への目配りを覚え、先を読むことの大切さを覚えることができるからです。

特に、野球は先を見越して戦略を立てていく知的な部分も重要になります。

ただし、何でも耐えさせればいいというわけではありません。大切な子どもたちを預かる身として、あからさまないじめやルール違反をした部員には厳しく指導を行ってきました。

寮生活に耐えきれなくて三日で去っていくような部員も少なからずいました。タクシーで実家に帰ってしまった子もいました。

しかし、実際はやめて行った部員より残った部員のほうが多数でした。

彼らはやはり根っからの根性が違います。よく練習もしていました。それこそ、目をつぶっても野球ができるくらい必死に反復練習をしていました。

例えば、鈴木真悟という部員は練習のしすぎで疲労骨折をおこし、利き腕だった左腕を潰してしまいました。復帰が絶望的な状態の中で、何とか野球を続けたいという情熱を訴えてきた彼に私は、

「左がダメなら右があるだろう」

と言って退寮させずに野球部への残留を認めました。

すると彼は冬の間に猛練習をして右腕でも投げられるように仕上げてきたのです。

春先にグラウンドで投げる姿は今までとは別人で、鈴木だと気づかないほどでした。

「いい体をした選手がいるが、あれは誰だ？」

と、近くにいる部員に聞くと、

「鈴木さんです」

と言うではありませんか。彼の努力と根性に私は感動しました。

いわゆる普通のエリートコースを歩み高校野球の監督に就任したわけではない私は、とにかく勝ちたい一心でしたが、一方でどうしたら子どもたちの夢を叶えてあげられるだろうかということも考えていました。

プロ野球選手になりたい子、甲子園を目指している子、また、将来は自分で経営をしたいという子や、就職したいという子など、さまざまな部員がいました。

野球の道を極める子も、そうでない子も一流になるにはどうしたらいいのか……。

私は寮生活に目をつけました。自分たちで炊事をし、出されたものは残さず食べるということはレギュラーになる選手もそうでない選手も全員一緒です。

掃除や洗濯をして、先輩たちがきちんとした環境で練習できるように気を遣うということ。

その環境を作るために同級生同士の競争があるということを知ってもらいました。

生活の基本ができていなければ社会の中で生きていくのは厳しくなります。

寮生活では自立を念頭に教育してきました。自立こそがどんな夢をも叶えるための基礎力になるからです。

指導者としてのあり方についての気づき

子どもたちに何を伝えたらいいのかを学ぶために、本もよく読みました。

その中で特に好きだったのは宮本武蔵です。彼が絵を描いていたことにも影響されて、私も絵を描き始めるようになりました。

そのうちに独学ではなく絵の先生から習うようになりました。

一人は愛知教育大学出身の先生で、とても職人肌の人でした。

私が絵を描くと、

「ここはもっとこうしないといけない」

と、ぴしゃりと改善点を指摘してきました。

そしてもう一人、日大出身の方が開いていた絵画塾にも参加していました。

そこでは絵を描くと、

「これはすごい。この感覚は先生にはとても素敵に見えます」

と、おだててくれました。

そして褒められたのが嬉しくてまた描きたくなったものです。

この対照的な二人の先生に指導していただいて、私は指導者としてどちらでいるべきだろうと考えました。私はこれまで、「こんなんあるか！」と厳しく叱るということに重きを置いていたのですが、褒めてあげるほうが伸びるのではないかと思ったのです。

そのころから、生徒の良いところや得意なところを褒めて伸ばす指導を心掛けるようになりました。

絵は情緒的なことだけではなく、どこから日が当たって、どのような状態なのかという理論的な観察眼も必要とされます。この考え方は生徒を見るうえでも非常に役立ちました。

さまざまなところからヒントを得るという感性を持つことは、大切なことではないでしょうか。自分には関係ないと思って何も感じなければ、何も気づくことはできません。

負けに不思議の負けなし

野球では徹底的に敗因について考えることが大切です。

私はいつも「負けに不思議の負けなし」と言っていますが、負けには必ず原因があります。それを突き止めなければ次に進むことはできません。

私に野球を教えてほしいという子たちは、どうしても「すぐに上手くなりたい」という気持ちが強いのですが、勝つために必要なのは、負けた理由を突き詰めるところにあります。

そこを知ることができれば、選択と決断ができるようになります。

例えばピッチャーでも、バッターが思い切り振ってやろうと思ったときにど真ん中に投げれば打たれてしまいます。

そのときにどのような決断をするべきかは、思い切り打たれた経験をし、その理由を分析しなければわからないでしょう。

決断できるようになるまでには段階があります。コツコツ練習を積み重ねなければ結果はついてこないのです。

練習方法にもさまざまな要素を取り入れました。

特にキャッチボールのときには、「情熱キャッチボール」をするように教えてきました。情を投げて、熱を受けるということです。

例えば、サードゴロをサードがとって一塁に投げればいいというルールだけを教えていてはいけないと思ったのです。相手のとりやすいところに「情け」をかけて投げるという心遣いをしてほしいと思いました。

そして自分のことを思いながら投げてくれたボールに対して、感謝を込めた温かい気持ちで「熱」を持って受ける。

キャッチボール一つでも、相手を思いやる気持ちを身につけることが可能だということを部員たちに伝えたかったのです。

伝統のある学校が持つ、決まったパターンの練習方法も変えていきたいと思っていました。例えば、ランニングをしてキャッチボールをして、バッティングの後にノックをして終了。名電で同じことをやっていても仕方がないと思いました。

練習にはいろいろなものが応用できます。例えば、スコップを振らせたり、タイヤを踏ませたりしていました。

薪をわきに抱えてランニングをしたり、ピッチャーの投球練習のために大きなハンマーを降らせたりもしました。

変化球の練習のために卵形のボールを使ったこともありました。

今でこそテレビなどでよく見かけるような、九つのブロックに分けたピッチング用のパネルも作ったりしました。

また、バットにへそを作ってバントの練習をさせたりもしました。

体力強化のために近くの川の土手をランニングさせたら、「一級河川を傷つけるんじゃない！」と町内会長に怒られたこともありました。

とにかくひらめいたら実践していました。

印象深かった生徒たち

監督生活の中では印象に残った生徒たちが大勢います。

例えば、就任したときにすでにチームにいた鴻野淳基が、ドラフト一位で西武に入団したときは自分がプロ野球選手になったかのように嬉しかったことを覚えています。

鴻野の後に入ってきた工藤公康もその一人です。入ってきた瞬間からいい選手だと思いましたが、それほど才能のある選手は先輩たちからも目をつけられやすく、保護しなければその才能の芽が潰されてしまう恐れがありました。

ですから私は工藤に、

「帰りは寮に戻るバスに乗らずに走って帰ってこい」

と言いました。

学校から寮までの道のりは一三キロほどありました。その道を毎日、強制的に走って帰ってくるように命じたのです。

それでも先輩からの過剰な干渉は収まらず、激怒した工藤が練習をボイコットし、なだめて連れ帰ったこともあります。

工藤はとにかく劇的な選手でした。体力を温存させようと工藤を控えにした試合で、あっという間に劣勢に追い込まれ、途中登板させると延長戦の末、チームを勝利へ導いてくれました。対東邦戦では工藤がバッターボックスに入っているときに、ピッチャーが投げた球が工藤にヒットしてしまったことがありました。血だらけで戻ってきた姿を見て、もう投げさせられないと思ったのですが、

「もう一球だけ投げさせてください」

と言います。

（このままここでこの子の高校野球を終わらせたくない……）

そう思った私は、血だらけの背番号一番のユニフォームを脱がせて特例で一七番の背番号でマウンドに送り出しました。

そして工藤は傷を負いながらも勝利を収めたのです。

そこからチームは勢いに乗っていきました。

私はトレーナーの資格も持っていたので選手の体のメンテナンスの部分も見ていたのですが、そのときの工藤の肘はパンクしていました。

今はシード権があるので六試合勝利すると甲子園に行けるのですが、当時はシードがありませんでしたから、八試合勝つ必要がありました。

六試合でも大変なことですが、八つ勝つというのはとても大変なことでした。

間瀬英樹という選手のこともよく覚えています。

彼は卒業後に自分で運送屋の事業を始めました。人一倍働いていた彼は、いろいろと苦しくなると森山のサービスエリアに向かい、野球部のグラウンドを眺めていたといいます。

そこからグラウンドを見ていると、「あのときのつらさに比べたらこんなこと何でもない。

乗り越えられる」と気持ちが新たになり、再び頑張れるようになるのだと言っていました。

その後彼は、交通事故にあい体に障害が残ったり、リハビリを終えたと思ったら白血病で余命宣告をされたりと、何度も人生で厳しい試練を迎えることになります。

何度も死ぬかもしれないという状況に陥っても彼は乗り越えてきました。

どん底のときにも、高校の野球部で過ごした時間が支えになったのだと彼は言いました。今では彼と一緒に絵を描いて共同で展示を行うなどしています。


イチローも感心するような選手でした。

彼のことは講演会などでもよく話しているのですが、小学六年生のときに「僕の夢」だといって書いた作文は非常に有名です。「プロ野球の選手になって、一億円以上もらって」というものです。

彼は入部してくるときから、

「僕をプロ野球の選手にしてください」

と言ってきました。

その眼は甲子園よりずっと先を見ていました。

彼は当時から優秀な選手だったので、あちこちの高校からスカウトされていたようです。その中でも一番プロ野球選手を輩出している高校はどこだ、監督は誰だということで、当時一二名ほどプロ野球に送り出していた私のところに来たようです。

もちろん設備がしっかり整っていることや指導方法も選択の理由の一つだったようです。

そして、「父親が見に来られるところ」というのもポイントになっていたようです。

チチローさんで知られるイチローの親父さんは毎日のように練習を見に来ていました。

あのくらい一体になって夢を叶えた親子というのはとても珍しいと思います。

チチローさんは毎日来ていましたが、練習方法などについては一切口を出しませんでした。

正直、何か言われたら追い返してやろうという風に思っていたのですが、黙って見ていて、練習が終わるころに少し話をして帰っていくというパターンでした。

また、甲子園に出場したことで人生が一八〇度変わってしまった生徒もいました。

彼は逃げたい一心で、「おばあちゃんが病気になったから帰りたい」と言い出したりすることがありました。

とにかくすきあらば逃げようというような子でした。

しかし、ご両親から預かっている大切な生徒です。とにかく頑張ろうと励ましながら何とか野球を続けさせました。

するとヘナヘナだった彼がだんだんと力をつけて、甲子園で投げるまでに成長してくれました。

しかし、甲子園から帰ってきた途端、コロっと人が変わってしまい、学校にも来なくなってしまったのです。

当時、甲子園に出るとちょっとしたアイドルのような扱いをされました。雑誌などにも取り上げられ、全国からプレゼントが届くなど、有頂天になっていたのでしょう。

何とか卒業まではこぎつけましたが、就職先でもトラブルを起こしてしまい、何度救い上げても自ら転落していきました。

（生徒の人生を狂わせてしまうなら、甲子園など目指さないほうがいいのだろうか……）

と、悩むときもありました。

現在、彼はしっかり立ち直り仕事をしています。

苦い思いもしましたが、会ったときに、

「先生がいなかったら、今の俺はない」

と、言ってくれたことは素直に嬉しかったです。

努力することを身につけた人は一生を通じてやっていける

私のもとから巣立っていた部員たちはそれぞれの道を歩み続けています。社長になっている子、会社勤めをしている子。一生懸命やっている子でも、なかには思うようにいかずに人生の中でもがいている子もいるかもしれません。

けれど、みんな厳しい野球部時代を耐えてきた子たちです。

時にはどんなに努力をしてもはね返される人生の不条理というものを知り、自分の才能の限界を感じてしまうこともあるでしょう。

けれど、努力することを身につけた人は一生を通じてやっていけると信じています。

私は、野球だけでなく、「社会の中でいかに通用する人間になるか」ということも考えて部員たちに接してきました。常に目配り、気配りをすること。つまり、言われる前に気づくことの大切さを覚えてほしいと思っていました。

例えばトイレに行った後に脱いだスリッパを整えたり、お客さんが来たときは立ち止まって挨拶をするということなどです。

社会人としての心構えは、親が言うよりも先輩や監督である私が言ってきかせることで身に染みる部分があるのではないでしょうか。

生活の基礎をしっかり覚えることで、自己管理や上手な時間の使い方が身につきます。嫌なことや煩わしいことからはグダグダ、ノラリクラリと逃げることもできます。しかし、そこから逃げずに悔しさを覚えた子は、それが支えになって、今よりいい環境にしようと向上していくのです。

ですから、厳しさが欠けては教育はできないと私は思っています。

ただ、高校生という一番多感な時期に私の指導に不足はなかっただろうかと、未だに思うことはあります。一人ひとりにしっかりと目配りができていただろうかと。

今の時代はいろいろなことが変わってきました。例えば、データ野球になってきて、子どもの教育よりも勝つことにこだわった指導者が増えてきているように感じます。

今は「根性」だという指導も通用しなくなってきて、コーチングの仕方もずいぶん変わってきました。

昔のように暗くなってもノックを続けて、「心でとれ！」という指導は時代遅れになってしまったのかもしれません。「夜走りなさい」と言っても、親から「危ないのでやめてください」と言われるようにもなりました。

私が教えているときも、多少は厳しすぎるという声もありました。しかし、私にはどうしても、大事な時期に親元を離れた子を預かっているのだから、生活の中でしっかり躾をして、退寮するときには一回りも二回りも成長した姿で送り出したいという思いがありました。

指導者から引退し、静かな環境で暮らす中でときどき思うことは、生まれ変わってもまた高校野球の監督になりたいということです。

スター選手が誕生し、周りからもてはやされたときもありましたが、私は二〇年間、野球を教えてきただけです。

私のもとから巣立っていった部員たちには、いつも誠実さを忘れないでいて欲しいと思います。そして「人生のレギュラー」を目指してコツコツやることが大切です。

いつでも昔のことを思い出せば、これからの活路を見出せるはずです。

「礼儀、ファイト、努力、機敏、チームワーク」という五か条をしっかりと胸に抱いていれば大丈夫です。

第1章
山﨑武司

どんなときにもチャンスはあり、
それを掴むことで
人生の可能性が広がっていく

山﨑《やまさき》武司《たけし》

一九六八年生まれ。愛工大名電高校野球部を経て、一九八六年ドラフト二位で中日ドラゴンズに入団。

以降オリックス、楽天、中日と渡り歩く。

現役生活二七年のうち二度本塁打王を獲得。二〇一三年引退。

現在は野球解説者を軸として、モータースポーツ選手、タレント業など、幅広く活動している。

親の勧めで野球を始める

僕は小学校二年生のときに野球を始めました。

何かスポーツでもしてみては、という親の勧めで、地元の少年野球のチームに入ったことがきっかけです。

そして、二〇一三年まで選手として野球を続けてきました。

しかし、実をいうと僕は小さなころから「サボり魔」で、練習はサボってばかり。野球が大好きというよりも、ある意味本能に近い衝動で、野球をしていたような気がします。

少年野球を経て、中学生になった僕は運よく野球部に入ることができました。

というのも、僕が通っていた学校は一学年に四五〇人もいるようなマンモス校。なかでも野球部は非常に人気がありました。

その結果、三〇人という枠の中に一〇〇名以上の入部希望者が殺到し、その中から抽選で選ばれて、僕は野球部に入部ができたのです。

そのころから漠然と、

「僕は将来プロ野球選手になって一億円稼ぐのだ」

と思っていました。

「なりたい」のではなくて、「なる」のだと決めていました。

そして、プロになるために、多くのプロ野球選手を輩出している実績のある愛工大名電高校に行こうと決めたのです。


しかし、中学三年生の郡の大会では一回戦で敗退してしまいました。

僕は十分に自分をアピールすることができず、愛工大名電高校からオファーが来ることはありませんでした。

当時、中京高校と享栄高校、東邦高校からは声がかかっていたのですが、僕はどうしても愛工大名電高校を諦めきれませんでした。

そして、ここでも運は僕に味方をしてくれました。大学生だった僕の兄が教育実習で愛工大名電高校に行っていて、偶然にも担当が、現在の愛工大名電高校野球部監督で、当時、野球部のコーチをしていた倉野光生さんだったのです。

そこで兄は、

「弟が野球をしているので見てもらえませんか」

と話をしてくれました。

倉野さんも、はじめは渋い顔をしていたようなのですが、

「なら一度、グラウンドに連れてこい」

と、セレクションを受けるチャンスをくれました。

そして僕は、テストに無事合格することができたのです。

セカンドへの送球で中村監督に認められる

目指していた愛工大名電高校野球部に入部できたものの、最初は球拾いやランニングばかりの練習を億劫に感じていました。

僕はピッチャーを希望していたのですが、中村監督に、

「ダメだ。ピッチャーにはお前と同級生で中学時代に実績がある選手がいるから。お前はキャッチャーをやりなさい」

と言われて、面白くないなと思っていたこともありました。

中村監督の中には、選手にオファーする段階で、ある程度の構想があったのです。オファー

のなかった僕はその中に入っていませんでした。

「全然期待されていないんだな……。でも僕だってセレクションで合格して入ったのに。僕の実力がわかっていないんだ。僕に野球をさせろ、僕を見ろ！」

生意気で思い上がっていた部分もありますが、僕は自分が先輩や周りの同級生たちより実力があると思っていたのです。

「絶対誰にも負けとらんのに」

と思いながらも自分をアピールできずに、悶々としながら練習をこなす日々でした。


しかし、チャンスは思いがけない瞬間にやってきました。

僕が二年生のとき、三年生の先輩キャッチャーが、夏の大会前に怪我をしてしまったのです。

そしてそのときたまたま監督の目に留まったのが僕でした。

「山崎、人数合わせでそこに入れ」

「はい」

返事をしてすぐにそのポジションに入りました。

（ついに僕の実力を見てもらうチャンスが来た！）

僕はセカンドにボールを投げるときに、ピュンッと音が鳴るような球を投げました。

僕の送球を見た監督は即座に、

「お前、もう毎日入れ」

と言ったのです。

そこから僕は先輩たちと練習をすることになりました。

その年はレギュラーのユニフォームは着られませんでしたが、やっと自分の存在を監督にアピールできたと思いました。

過酷だった寮生活

愛工大名電高校野球部は練習の厳しさも有名ですが、それ以上に寮生活はもっと過酷で理不尽なものでした。

僕は三年生に交じって練習していたこともあって、他の同級生よりは先輩方にも目をかけてもらっていた部分もありますが、何度も歯を食いしばって耐えなければならないことがありました。

例えば、先輩に謝るときには言い訳は厳禁で、「すみません」しか言ってはならないというルールがありました。

「わかっとるのか！」

「すみません！」

「すみませんって言うな！」

「……」

「無視か！」

漫才のようなやりとりですが、お互い本気です。

先輩の言うことは絶対。白いものでも先輩が黒だと言えば「黒です」と答えなければいけない世界。耐えるしかありませんでした。

悔しい思いや理不尽な気持ちになったときに励みになったのは、「プロに行く」という思いでした。

ここで退いたらもうプロに行く道は絶たれてしまう。だからどんなことも我慢することができました。


中村監督は「ああしろ、こうしろ」と言うことなく、僕に自由にやらせてくれました。

今思えば、僕を型にはめようとすればするほど、どんどんはみ出していくことを見抜いていたのだと思います。

プロに行くという意志がある限り道を外さないだろうと、僕を信じてくださっていたのだと思います。

ただ、一度だけ、ど突かれたことがありました。それは新チームのキャプテンに任命されたときのことです。

僕は練習で二〇本走れと言われても一〇本しか走らないようなところがありましたし、歴代のキャプテンは真面目で練習熱心なタイプ。とても僕にキャプテンは務まらないと思ったのです。

できないと断った僕に中村監督からその理由を尋ねられ、僕はこう答えました。

「自分のことで頭がいっぱいですし、キャプテンになれば自分の野球ができなくなります」

途端に、「自分勝手なこと言ってるんじゃねェ」と、ゲンコツが飛んできました。

そのころの僕はチームに必要不可欠。僕が転べばみんな転ぶようなところがありました。キャプテンというポジションは、「できる、できない」ではなく「やらなければいけない」ものでした。

歴代のキャプテンのようにチームをまとめられるとはとても思えませんでしたが、幸い副キャプテンがしっかり者のタイプだったので、かなり助けられました。

中日ドラゴンズへ入団

残念ながら、僕は高校野球最後の夏、甲子園に行くことは叶いませんでしたが、プロ野球球団から念願の指名を受けることができました。

中日ドラゴンズです。

嬉しい気持ちはある反面、当時の僕は巨人ファンで、在京球団に行きたいと思っていたので、多少、複雑な気持ちになりました。しかし、

「少しでも早くプロの選手になりたい」

と、入団を決めました。そして二七年間にも及ぶプロ野球選手人生が始まったのです。

入団してすぐに、野球留学で、アメリカのルーキーリーグに行くことになりました。

中日が、留学先であるドジャース傘下のチームのポジションを用意してくれて、そこで実践を積むというものでした。

しかし、お膳立てしてもらっているにもかかわらず、僕はあまりにも下手クソで、満足に試合に出ることすらできませんでした。

「プロに行っても僕は活躍できる。誰にも負けない」

と、本能のまま野球をして、根拠のない自信で乗りこんで行ったプロの世界の最初の洗礼を受けました。思うように活躍できない現実を前にして、僕は、

「僕の実力を知っとらんくせに」

と、人のせいにばかりしていました。

そして何も得られぬまま、一年間の留学を終え日本に帰国しました。


二年目からは中日の二軍に参加することになりました。

その後の数年間は、一軍と二軍を行ったり来たりという状態でした。守備で伸び悩んでいた僕は、なかなか一軍に定着することができなかったのです。

しかし、選手生活九年目の九五年には、一軍での出場機会が増え、一六本の本塁打を打つことができました。

そして翌年の九六年には、三九本の本塁打を打ち、本塁打王のタイトルをとることができました。

しかし、監督やコーチと衝突を繰り返すことが多かった僕は、結局、トレードという憂き目を見ることになります。

その後、移籍したオリックスでも監督と衝突してしまい、わずか二年で戦力外通告を受けることになってしまいました。そして、引退も考えました。

このとき、愛工大名電高校の五つ上の先輩でもある工藤公康さんに相談をしました。すると工藤さんは、

「もしまだプレーできるなら野球を続けろ」

と言ってくださいました。

僕はその言葉を受けて、改めて、野球を長く続けることの魅力とは何か考えるようになり、現役を続ける決断をしたのです。

楽天への移籍で野球が楽しくなった

楽天への移籍は三六歳のときでした。

この楽天への移籍は、僕に、遊びながら野球をしていた子どものころの、「楽しい」という気持ちを思い出させてくれました。

「勝った、嬉しい！　負けた、悔しい！」

と、純粋に野球をしていたころの気持ちになれたのです。

僕は楽天へ移籍する前までの一八年間、一度も野球を楽しいと思ったことがありませんでした。ホームラン王争いをしているときでさえ、です。

そんな僕がなぜ変わることができたのか。自問自答をして思いついた理由としては、僕の「野球に向き合う姿勢が変わった」ということが挙げられると思います。

オリックスから戦力外通告を受けた僕は、「一年一年が勝負」だと思うようになっていました。

そして、まだ弱いチームだった楽天でリーダーとして後輩を指導し、そんな彼らが成長し、それがチームの勝利という形で表れてくることが、自分の大きな励みとなっていったのです。

そのような経験が、僕の野球に向き合う姿勢を変えてくれたのだと思います。

それまでは、自分勝手な野球をしてきて、うまくいかないことを人のせいにしたり、言い訳をしたりしていました。

当時の選手の育て方というのは、理論的に話して聞かせるというものではなく、とにかく頭ごなしに怒るというものであったため、それに反発ばかりしてきた分、自分のわがままに気づくのにずいぶんと時間がかかってしまいました。

成長するには気づきが必要です。

僕も今だからわかることですが、怒鳴られて気づけるか、理論的に説明をされて気づけるかというのは人それぞれです。若くても気づける人もいれば、歳をとっても気づけない人もいます。

すぐに自分の足りない部分や、才能の伸ばし方に気づいて、早くから一軍で活躍している人も見てきましたし、気づいても実力がなくて潰れてしまった選手も見てきました。

もしも僕が何も気づけずにそのまま引退していたら、

「あいつ素材はよかったけどダメだったよな……」

と、言われていたかもしれません。

また楽天に入るまでは、本能のまま来た球を打てばいいと思っていました。しかし、体力的にもピークが過ぎると、それだけでは通用しなくなってきました。

そこで試行錯誤しながら、監督やコーチに指導を仰ぎ、フォームを変えるなどして、考えてプレーをするスタイルを身につけたのです。

野球を基礎から学び直したことは記録にも反映されることになり、二〇〇七年に二度目の本塁打王のタイトルをとることができました。

一一年前にも同じタイトルをとりましたが、二度目のタイトルはまったく違う人間がとったように感じました。

どんなにベテランになっても基礎を学ぶということの大切さを実感しました。

結局、中日、オリックス時代の一八年間で、安打数が九六一本、本塁打数が二一一本だったことに対し、楽天に入団してから引退までの九年間は、安打数が八七三本、本塁打数が一九二本という成績を収めることができました。

大きな影響を受けた野村監督との出会い

楽天では、野村監督との出会いも僕に大きな影響を与えてくれました。

野村監督はデータを駆使した「ＩＤ野球」で知られていますが、数字だけではなく人の細かいところもよく見ている方です。

野村監督の就任一年目、僕はスポーツ新聞で野村監督が僕の身なりについて批判している記事を見ました。

その瞬間に僕は、監督に良く思われていないのだと思い込み、これでは一年でまたすぐにクビになるだろうと自暴自棄な気持ちを抱いてしまいました。

しかし、シーズンが始まったころ野村監督がこう言ってくれたのです。

「お前は俺と同じ匂いがする。周りの人から勘違いされやすいだろう。人は見た目で判断するから、悪い印象を与えないように普段から振る舞いに気をつけなさい」

僕はハッとしました。

「僕という人間を見ていたからこその発言だったのか……」

自分の考えの狭さに恥ずかしくなりました。


今だから思うことですが、中村監督と野村監督はとてもよく似ていると思います。二人は同じ感性を持っているのだと思います。

例えば、最後は努力した人に情けをかけるところや、野球以外でも、人とはどうあるべきかを伝えてくれるところなどもよく似ています。

「思い切りやっても一回、ビビってやっても一回」

高校時代は中村監督によくそう言われていました。

ここで打たなければいけないという場面で打席に立つと、ふと人がのしかかってきたような体の重みを感じることがありました。

そのときにはじめて僕はプレッシャーを感じていることに気づきます。

三振を恐れて消極的になってしまうこともありましたが、中村監督の言葉や、野村監督の、

「三振大いに結構」

という言葉が、思い切りスイングする力を与えてくれたように思います。

戦力外通告を受ける

二〇一一年三月一一日、東日本大震災が起こりました。楽天は、自分たちの勝利で地元の皆さんが笑顔になるなら、とチーム一丸となって優勝を目指しました。

「何としても勝とう、東北を盛り上げよう」

しかし現実は残酷です。その年の一〇月九日、僕は楽天から、

「来年は構想に入っていない」

と告げられました。二度目の戦力外通告です。僕は、

「まさか、ここで？」

と思いました。そして無念にも楽天はその年、五位に終わってしまいます。

「あれだけ仙台の方たちに頑張ろうと啖呵を切っておきながら、このまま現役を終えるわけに

はいかない」

微力ながらも、復興のために野球で皆さんに喜びを感じてもらいたいと言っていた矢先に、「じゃあ、やめます」とは口が裂けても言えませんでした。それだけは絶対にしてはいけないと思いました。

僕にとってはクビになったことよりも、仙台を離れることが何よりもつらいことでした。「せめてもう一年、野球ができるのならば身銭を切ってもいい」とまで思っていた中で中日と話をする機会を得て、僕は二〇一二年、中日ドラゴンズに戻ることになりました。

ドラゴンズのユニフォームを着て、仙台のKスタへ交流戦で戻ること。その姿が東北の方々へのメッセージになると思ったのです。

そして中日で二年目を迎えた二〇一三年、僕は二七年間の選手生活に幕を下ろす決断をしました。

僕が入ったころは、プロ野球選手は一〇年頑張ったら一人前と言われていました。

僕も、まずは一〇年を目標にしていたら、一軍と二軍を行ったり来たりしているうちに一〇年経ってしまいました。

ならば一五年頑張ろうと思い直すも、またあっという間に一五年が経ってしまいました。

野球は長く続けるほどにやり切ったと言えなくなるものなのかもしれません。

中日でずっと活躍を続けている山本昌さんは、周囲からの、

「もういいだろう」

という声を、

「自分はまだいける、まだ成長できる」

とはねのけ続け、現役を続けています。

僕も楽天の最後の年に星野監督に、

「お前、もうよくやったやないか。もう十分やないか」

と言われました。そのときに僕は反射的に、

「僕はまだやりきっていないです」

と答えていました。

そして、中日に入って二年目に、僕は自分のパフォーマンスとしてはここが限界だとはっきり悟りました。

区切りは人が決めるものではなく、期間が短くとも長くとも自らが決断するものなのだと思

いました。

野球は「人」である

現役生活を終えて、今は野球解説者として活動させていただいています。

解説者をメインに野球以外の仕事もしていますが、最終的には監督として再び現場に戻ることが目標です。

僕は中日に育てられ、最後に骨を拾ってもらったのも中日です。

そして、一緒に戦って、笑って泣いて、野球の楽しさというものを蘇らせてくれたのは楽天です。

両球団での生活が僕に新たな目標を与えてくれました。

多くの方々の指導のおかげで今の山﨑武司があるのですが、なかでも、中村監督、野村監督は僕にとってオヤジのような存在だと思っています。

二人には野球のことだけでなく、人生についても勉強をさせてもらいました。

例えばチームをつくる上での人選の際に、各選手の成績を数値化して、よい順番に採用していくのは簡単なことです。

しかし、どの世界でもそうだと思いますが、特に野球は数字だけでは測れないことがたくさんあります。

ならば何を見たらいいのか？　それは人の努力や根性や気合、要するに、「人を見る」のだと僕は二人のオヤジから教わりました。

僕はやんちゃで、監督やコーチとの衝突も多くありました。

それでも、これだけ長く野球を続けられたのは人に助けられたおかげです。

若いときは、「情けなんて必要ない」と考えていました。ダメなやつは排除する。勝つためには非情にならなければいけないと思っていたのです。

しかし、トップに立つ人間、真のリーダーは、人が努力するところをしっかりと見ていてあげたり、必要なときにチャンスを与えるということが大切だと教えてもらいました。

ずっと練習嫌いで、

「右を向け！」

と言われると左を向いていたような天邪鬼な僕が、今は組織とはどうあるべきか、足並みを揃えるにはどうしたらいいのかということばかり考えています。

よい組織を作るということは、とても難しい問題です。

しかし誰よりも自分の才能を信じ、その自信を打ち砕かれ、天国と地獄を見て来た僕だからこそ伝えられることがあるはずです。

どんなときにもチャンスはあり、それを掴むことで人生の可能性が広がっていくのだと思います。

第2章

奥村 拓

いつも驚かされた監督の発想力

奥村《おくむら》 拓《ひろむ》

一九六八年生まれ。名電高校野球部ＯＢ会長を務める父親の影響で幼いころから練習を見ていた愛工大名電高校野球部に入部。同期には元プロ野球選手の山﨑武司がいる。

卒業後は米国留学を経て、帰国後はガス関連の仕事に就き、二〇〇五年に介護事業を始める。

現在は、株式会社安里の介護付有料老人ホーム東海橋苑、施設長を務める。

ＯＢ会長の息子として

僕には、名電に入るまでの野球歴に誇れるものはほとんどありません。

小中学校時代は地元のシニアに入るわけでもなく軟式の野球部に入っていましたが、それほど真剣にやった覚えもありません。

ただ父親が名電高校野球部のＯＢ会長をやっていた関係で、物心ついたころから週末になるといつも父に連れられて名電のグラウンドに行っていたので、漠然と「いずれは名電の野球部に入ることになるんだろうな」と思っていた、というのが正直なところです。

しかし、中学を卒業して実際に入部してみると、僕は自分が場違いなところへ来てしまったなという思いにとらわれました。

同期も先輩方もみんな甲子園、中にはプロを目指して名電に入ってきたという人間ばかりです。

その中で「なんとなく」入ってしまった僕は、ＯＢ会長の息子ということもあって、上級生の方々から「おまえ、天狗になっとるだろ」と目の敵にされ、たびたび厳しい指導を受けました……と言えば、その内容がわかる方にはわかっていただけると思いますが。

子どものころから要領だけはよかったほうなのですが、その要領のよさもここでは通用しませんでした。

それが肥やしになったというのは今だから言えることで、学校の授業が終わって帰っていく一般生の姿を見ながら、「俺もこのまま逃げたろうかな」と何度思ったかわかりません。

しかし、なにしろ自分はＯＢ会長の息子ですから、何が何でもやめるわけにはいきません。それが心理的にも非常に大きなプレッシャーでした。

それでも学校にいる間はまだ気が休まります。

一年生のころは、授業中はほとんど寝ていましたが、居眠りしているところを見つかると即刻「集合」がかかります。

ですから、上級生が教室の前を通りかかると、その殺気を感じて自然に「ハッ」と目が覚めるという、野性的な危険察知能力が磨かれました。

よく言われていることかもしれませんが、運動部の世界では一年生はゴミ、二年生は人間、三年生は神様です。ですから例えばゴミである一年生は、神様と直接口をきくことすらご法度で、話があるときは二年生を通じてする、というのが決まりになっているほど上下関係は厳しいものでした。

授業が終わったらバスに乗って寮に帰るわけですが、一年生は到着後五分以内にグラウンドに出ていなければなりません。

しかし、たった五分では学生服を脱いでユニフォームに着替えるなどということはとうてい不可能です。

ですので、あらかじめ制服の下にユニフォームを着ておいて、寮が近づいてくると学生服のボタンを外し始めるということが習わしのようになっていました。

入部後、あまりの過酷さに体重が一四キロも減る

中学時代、野球にあまり身を入れてやってこなかったぶん、練習は「本当にこんなことがあるのか」と思うくらい過酷で、僕にとっては文字通り地獄でした。

それが証拠に、入部後あっという間に体重が一四キロも減ってしまい、練習中は息も絶え絶えでまともに声も出ないような状態でした。しかし声が出ていないと上級生から「おまえ、余裕か」と睨まれます。

これは僕に限らずみんなそうでしたが、一か月たったころには全身が筋肉痛で自由に動かず、一年生全員ロボットになったみたいにギクシャクした動きをしていたことを覚えています。

それでも何とか乗り切るために、僕はどんなつらい練習でも、その中に「これはちょっと楽しいな」と思えることを見つけて、そこに意識を向けることでどうにか正気を保つということをやっていました。

そういう物の見方ができるようになったことも、今思えば一つの収穫だったと思います。


練習が終わったら食事ですが、おちおち食べてなどいられません。

それには理由があるのですが、例えばその一つがお茶注ぎです。

先輩方がお茶に口をつけたら、そのコップが空になる前にお茶を注ぎ足さなければならないのです。

しかし、もう練習で疲れきっていてろくに頭も動かないので、どうしても見落としてしまうことがあります。

そういうときは二年生が代わって三年生のお茶を入れるわけですが、そうなったらもうアウトで、その後必ず集合がかかります。

食事のときだけではありません。

寮の中では常に上級生の目が光っているので、一瞬たりとも息を抜くところがなく、スリッパを履いて歩くにしても、ペタペタ音をさせるのはもちろん、床と擦れる音も立ててはいけませんでした。

ちょっとでも音を立てると「誰だ、スリッパ擦って歩いているやつは」となってしまうので、まるで忍者のように抜き足差し足で、音を立てないように腿を上げて歩いていました。

当時僕たちが寝起きしていた寮は、まだ建て替えられる前のただブロック塀を積み上げたようなバラックのような建物で、風呂一つとっても今のように蛇口をひねるだけでお湯が出てくるようなものではなく、大昔の薪で炊くものでした。

入る順番は言うまでもなく一年生が最後になりますが、僕たちが入るころには湯船にお湯がほとんど残っていません。

冬などは何とか全身をお湯につけようと、それぞれが仰向けになって湯船につかろうとするので、外から見ているとまるでイワシの缶詰のようでした。

寮では五〇名近くの部員が生活していましたが、僕たちよりもゴキブリやムカデ、ネズミの数のほうがずっと多かったように思います。

ベッドも当然年季が入っていて、少しの振動でもギコギコと異音がするので、満足に寝返りも打てません。

ちょっとでも音を立てると、下のベッドで寝ている先輩からお叱りを受けるからです。イビキなどかこうものなら大ごとです。「おまえ、なに余裕でイビキなんかかいとるんだ」となって集合がかけられます。

「これからは鼻つまんで寝ろ」などと無理難題を言われるわけですが、そういう不条理にも耐えることが寮生活では重要とされていました。

僕たちのころは、夜の就寝前にイヤホンで音楽などを聴くことが許されていましたが、歌詞を聴いた覚えがほとんどありません。

いつもあまりにも疲れ過ぎていて、音楽が始まってもイントロの段階で寝てしまうからです。

集合の中でも、「ピッチャー練集合」は特別つらかったです。

ピッチャーというのは、基本的に走ってばかりいるのでその名前がつけられたのですが、とにかく走らされるわけです。

その日の練習が全部終わった後の夜間練習の時間に、一五〇〇メートルをまず五本くらい走らされるのですが、ただ走ればいいというのではなく、五本ともすべて五分以内で走らなければなりませんでした。

それが終わったら、腕立てや腹筋、反復横跳びなどのサーキットトレーニングを五セットというのがメニューなのですが、もう最初の一五〇〇メートルを走った段階でヘロヘロです。走りながら、このまま脚が肉離れしてくれないかと何度考えたかわかりません。でも、鍛えられているのでなかなかそうはならない。

（あそこまで行ったら倒れたろ）

（ああ、大丈夫だった。じゃあ、あそこまで行ったら、倒れたろ……）

いつもそれの連続でした。

山﨑武司はモノが違った

僕は入部した当初から同期との間に大きな実力差があることを感じていましたが、中でもそれを強く感じさせられたのが山﨑武司という男の存在でした。

この男は本当に別格で、上級生からも一目置かれていたのでしょう、それほど強い指導を受けるということもなかったような気がします。

一年生のころの練習が地獄のようだったと言いましたが、土手をジグザグに走る土手ランや一五〇〇メートル走といったキツイ練習の最中に、キャッチャーだった武司がピッチャーの球を受ける要員として呼び出されて抜けていくのがめちゃくちゃ羨ましかったことを覚えています。

僕らが一年生のころ、入寮してからすぐに全員参加の腕相撲の大会が行われました。武司が優勝して僕が二位、そして三年生の先輩が三位になったのですが、一位と二位の力の差がありすぎて、「お前、それで二位なのかよ」と言われたりしました。化けすると武司が、「でも親父にはまだ一度も勝ったことがないんだ」と言い出しました。化け物親子だと思いました。

機会があったので、一度武司の親父さんに「一度だけ腕相撲をしてください」と勝負をお願いしたことがあります。

武司にもまったく歯が立たなかったので、両腕での勝負をお願いしました。

途中くらいまでは僕が押していて、これは勝てるぞと思ったので、「力を入れてもいいですよ」と余裕をかました途端、親父さんが、「はぁっ!」と力を入れました。

途端に体ごと、ぐわっと持っていかれてしまいました。武司より一回りも体が小さく、もうすぐ五〇歳になるという親父さんの一体どこにこんなパワーがあるのかと仰天しました。

また腕力だけでなく、脚力でも敵いませんでした。

野球用のスパイクを履いた僕が、ビーサンを履いていた親父さんの腰を後ろからグーッと押すのですが、「何やっとんだお前！」と言われてしまうくらい微動だにしませんでした。

この親父さんの遺伝子を持つ武司なら、いくつになっても活躍できるだろうと思いました。とはいえ、二〇一三年、四五歳まで武司が現役で活躍するというところまでは予想できませんでしたが、やはりあの親にしてこの子ありということなのだなと思いました。


少し前に、武司のインタビューを読んでいたら「努力をしても報われないことはある」ということが書いてありました。

彼はキャッチャーとして入団しましたが、バッティングを活かすために外野に移ってからの活躍が有名です。

プロ入りして、高校野球との違いや、いつまで続けられるのかということで悩むことがあったと思いますが、僕たちはそれを高校生のときから感じていました。

彼のプレーを見れば、持っているものが違い過ぎて、「どんなに努力をしてもこいつには追いつくことはできない」と、誰もが思ったはずです。

武司は練習なんかしなくても、必ず結果を出していました。

夜間練習で、三〇〇球や五〇〇球打っている仲間のところに、健康サンダルを履いた武司がふらっと現れたかと思うと、ぱーん、ぱーんっと二球ほど打って、「はい、ラスト！」で、ぱーん。三球打ったら、またふらっと戻っていきました。

しかしそれでも翌日の試合では、ばかーん！　と、ホームランを打っていました。

「努力したら報われる」とよく言われますが、僕はそのとき、世の中にはそれだけではどうにもならないこともあるのだということを学びました。

努力をしなくても力のあるやつは上に行くし、一目置かれる。

たどり着けない人は、どんなに努力をしてもたどり着けない。

決して悲観したり、世の中を斜めに見ていたわけではありませんが、圧倒的な力を目の前にしてそう認めざるを得ませんでした。

武司が先輩であったら、憧れて、ただがむしゃらに追いかけたかもしれません。彼が同級生だったので、持って生まれた力の差というものを余計に強く感じていたのでしょう。

同じ釜の飯を食った仲間の存在が励みになる

僕らには一四名の同期がいました。

しかし、厳しい寮生活や練習に耐えかねて逃げ出したやつもいます。

僕らの年に限らず、野球部をやめていく人は一学年に一人、二人はいました。

僕らの年に去っていったのは一人だけで、彼は今でも忘年会などに参加しているのですが、必ず「最後まで続ければよかった」と言います。

僕はこの歳になってさらに強く思うことがあります。

それは「同じ釜の飯を食った仲間」の存在の大切さです。

学年によって多少の差はあると思いますが、僕らはとても横のつながりが強くて、毎年、忘年会を開いたり、折に触れては集まっています。

彼らに対しては普通の友達だという感覚がありません。

何か困っていることがあれば何でも力になろうと思える、「特別な仲間」だからです。


当時、名電高校の野球部の寮には、レギュラーしか入ることができませんでした。

実際にはレギュラー候補も数名いて、トータルで二〇名ほどで生活をしていました。

レギュラー以外にも一般生の部員が大勢いるのですが、彼らは一緒に練習をしないで球場の草むしりや球拾いといった雑用みたいなことしかさせてもらえないので、やめていく人がほとんどでした。

ただ、そんな中でもきらりと光る人材がいたりします。そうすると、「寮に入ってやってみる気はないか？」と声を掛けられます。

そこからが本当の野球部のスタートなのです。

野球部は、寮に入ってこそ本当の野球部だと僕たちは自負していました。

そして、厳しい練習と寮生活を共に過ごすことで仲間には強い絆が生まれるのです。

どんなに監督に怒られても、先輩たちからの理不尽ともとれる「集合」があっても、それはみんなも耐えていることだから、自分だけ弱音を吐くわけにはいきません。

僕は特に、みんなに引っ張っていってもらったからこそ最後まで寮生活を続けられたのだと思います。

家業を継ぎ、経営者となる

高校卒業後は、一年弱アメリカのフロリダ州にあるタンパというところに語学留学をしました。

偶然、隣の町で中日ドラゴンズの海外キャンプが行われていたので、武司と会うこともありました。

日本に戻ってきてからは、家業を継ぐために京都で一年間修業をしました。その後、実家のプロパンガスを扱う会社に入り一〇年ほど働いていたのですが、父が突然、「老人ホームをやるぞ！」と、言い出したのです。

僕が三六歳のときでした。

父は行動力がすさまじく、決めたらすぐにやらないと気のすまない人なので、僕が戸惑っているのを見て、「初めは誰でも素人だから！」と発破をかけてきました。

そしてすぐに事業を始めるわけですが、やはりこの業界は資格や知識を持っている人が多いので何も知らなかった僕はかなり戸惑いました。

有利な立場で経営をするためにと、周囲から資格をとるようにも勧められたのですが、僕はそれは違うと思っていました。

経営者やリーダーとして人を引っ張っていくということは、人材を上手に活用するということです。

自分自身がプレーイングマネージャーになる必要はないのです。

人を動かすということは、高校時代から下級生に接することで理解していたし、中村監督からリーダーとして必要な資質は学んできました。

監督はよく、山本五十六の「やってみせて、言って聞かせて、させてみて、褒めてやらねば人は動かず」という言葉を僕たちに話して聞かせてくれました。

そしてそれを実践してみせてくれました。言葉だけ知っているのと、実際に経験をするのでは、天と地ほどの差があります。

僕の会社には、パートも含めて現在約一〇〇名の従業員がいます。

「そんなに人がいるといろいろとトラブルが起こるのではないか？　管理が大変なのではないか？」

とよく尋ねられますが、仕事をしていると予想外のことが起きるときもありますが、彼らと一緒に働くことを大変だと感じたことは一度もありません。

何かトラブルが起こりそうなときは、監督の言葉や野球部時代のことが蘇ってきます。

比較対象が強烈なので、あのときのつらさに比べたら何が起こっても全く楽勝だと思えるのです。

監督の受け売りのようになってしまいますが、僕なりに従業員にアドバイスをすることもあります。

指導者としての中村監督の存在は、非常に大きなものだと思います。野球だけではなく、人生で必要なことを学ばせてもらいました。

介護事業は今でこそ全国的に需要も高まり、多種多様に展開されていますが、僕が始めた八年前は、有料老人ホームというものがまだそれほど知られていませんでした。

このあたりの地域にも競合他社が一社しかなかったので、何かわからないことがあっても誰にも相談することができずにいました。

右も左もわからずに始めて、さらに相談できるところもないという環境でした。

その中でも何とかこの事業に携わっている人を見つけては話を聞くということを繰り返していくうちに、僕の中に、「この事業は、大きくなるぞ」という確信みたいなものが芽生えてきました。

そこに僕が培ってきたハングリー精神をぶつけていけば、必ず成功できると思ったのです。

何から何まで初体験なので、最初の二年くらいは壁にぶつかることも多々ありましたが、やはり野球部での最初の一年間と比べると、そんなことを苦労だというのも恥ずかしいと思うくらいです。

事業が安定してくると、あのときの直感は間違いではなかった、という手応えがありました。

有料老人ホームから始めて、現在は居宅介護支援事業所と訪問介護、また別の場所では認知症対応型共同生活介護（グループホーム）と、地域密着型小規模多機能型居宅介護というサービスも始めました。

将来的にはサービス付き高齢者向け住宅を建てて、より高齢者一人ひとりの希望やライフスタイルに沿った生活を実現させるためのサポートができればと計画しています。

中村監督の教えや、野球部生活から、社会で生き抜く力を得た

もしも、名電高校の野球部に入っていなかったら僕はどうなっていたのだろうと思うことがあります。

野球部時代、雨が降ると雨天用の練習に変わり、練習終了後の一五分のミーティングを、一時間、二時間行うこともありました。

そこで監督は僕たちに、耐えることの大切さを説く「臥薪嘗胆《がしんしょうたん》」や、泰然自若にしていられる状態こそが最強なのだという「木鶏」という中国の故事成語をわかりやすい言葉で話してくれました。

「晴れた日でも傘を持って行くくらいの準備をしろ」と言われたこともあります。

「念には念を入れろ」と言われるよりもずっと心に残っています。

監督の言葉選びのセンスや、僕たちに必要な話を探してきてくれる勤勉さは本当に尊敬すべきものでした。

寮のルールを破ったのが見つかったときには、「バカヤロウ！」と恐ろしく怒鳴られ、寮を追い出されそうになりました。

そのときは奥さんが仲を取り持ってくれて退寮は免れましたが、謝りに行った翌日もグラウンドで怒られて、ずっと正座をさせられました。

監督の言葉、行動、そして寮生活。そのすべてから僕たちは処世術を学んでいきました。

それを活かせるかどうかは個人の力量にもよりますが、向上心とバイタリティがあれば、どんな一流企業の厳しい中に放り込まれても活躍できると信じています。

卒業生の中には一流企業に勤めていたり、経営者として成功している人も多くいますから。

結局、知識だけ豊富にあっても、いざ社会に出たときに、どう立ち回っていいのかわからないことも多くあるでしょう。

僕らは先輩方の「集合」だったり「夜襲」という指導に耐えてきました。

その中で、目上の人にはどのように接するべきか、そして後輩にはどのように声をかけるのかといったことを学んできました。

そして「絶対負けない！」という根性を身につけることもできました。

ですので、卒業後は対人関係における苦労というのはほとんどしたことがありません。


僕は、自分の娘にも従業員にも必要なこと以上は言わないようにしています。

当人たちからしてみれば、本当はもう少し詳細に話してほしいというところがあるかもしれませんが、僕もそうだったように、「自分で経験してわかる」ということが大切なのです。

失敗したら、どういうやり方がいいのか、自分で考えて答えや解決方法を導き出す力を持ってほしいと思っています。

監督もよく「思い切ってやっても一回、びびりながらやっても一回、どうせやるならどっちがいいんだ？　思い切ってやれ！」と言っていました。

失敗したっていいのです。思い切ってやれば心に残るし、次は成功させようという意欲と知恵がわきます。

先にも少し話した、山本五十六の「やってみせて……」の言葉の後には、「話し合い、耳を傾け、承認し、任せてやらねば、人は育たず。やっている、姿を感謝で見守って、信頼せねば、人は実らず」という言葉が続きます。

この続きは最近知ったのですが、思い返してみれば当時の監督は今の僕らよりもずっと若かったのです。

今のようにインターネットでぱっと名言を探すこともできない時代に、僕たちのためになるものを探してきてくれたということはすごいことだと思います。

監督のユニークさは言葉だけではありませんでした。

僕たちがいつも驚かされたのはその「発想力」です。

常に新しいことを編み出して、すぐに行動する。誰にでもできることではありません。

監督のどんな言葉が響いたのかは野球部員それぞれで違うでしょう。

社会に出て歳を重ねるごとに、特にリーダー的存在になるほどに監督の言葉が思い出されます。

それくらい僕たちの中では強い影響力を持っています。

寮生活を通じて、たくさんのかけがえのないものを得ることができたことを誇りに思います。

ただ、目の前に一億円を積まれて、「もう一度高校一年生に戻るか？」と尋ねられても即答しますけどね。「やりません」と（笑）

第3章 横井隆幸

監督の「臥薪嘗胆」が、今効いている

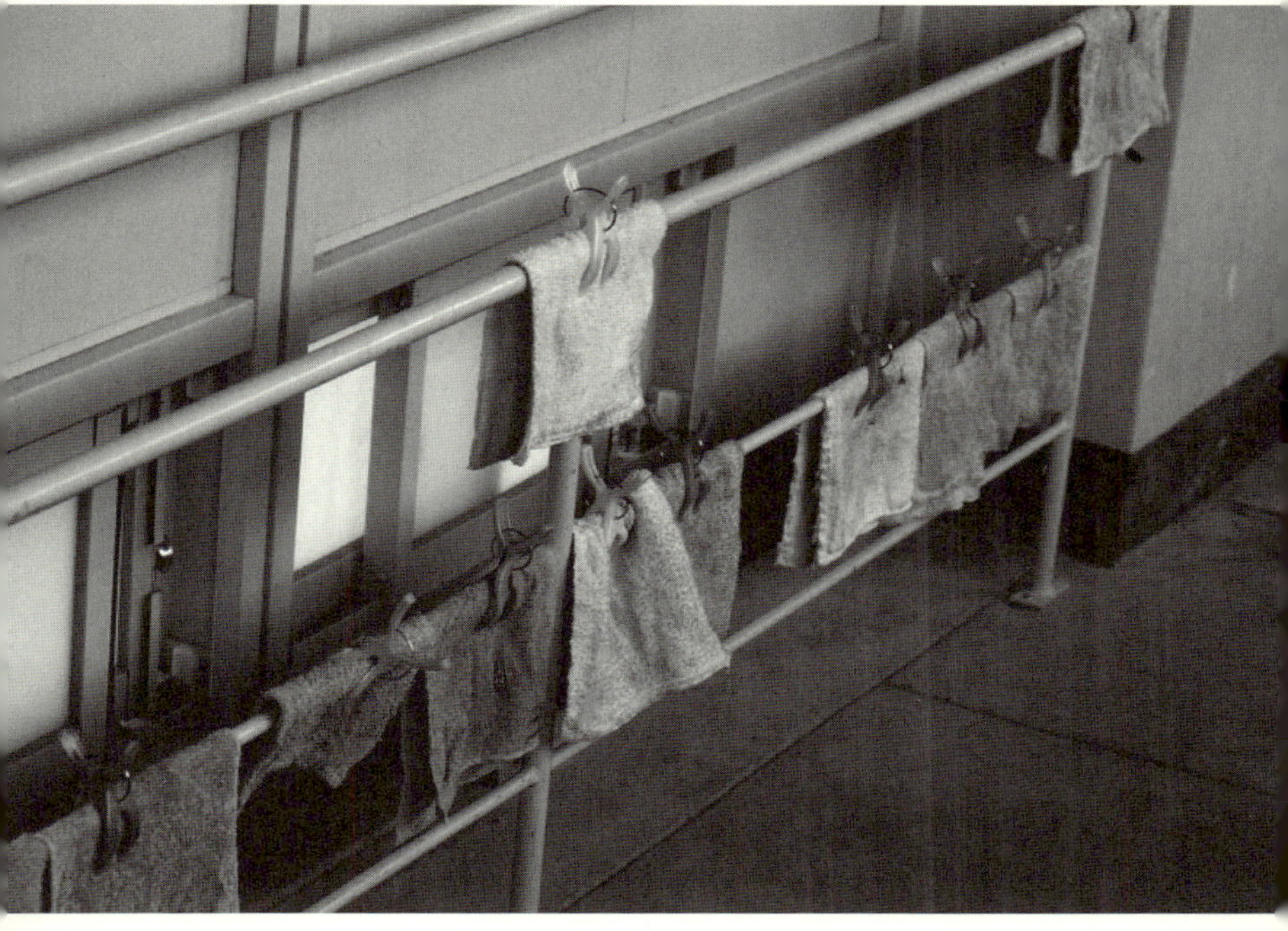

横《よこ》井《い》隆幸《たかゆき》

一九六六年生まれ。愛工大名電高校卒業後は法政大学に進学。愛工大名電高校野球部から初の東京六大学進学を果たす。

大学卒業後はトヨタ自動車の硬式野球部に所属。同野球部時代のチームメートにはヤクルトスワローズで活躍した古田敦也氏がいる。

退部後は株式会社丸幸自動車へ入社。現在は同社の代表取締役を務める。

劣等生からのスタート

高校三年生の夏、甲子園でベスト8に入った翌年に僕は法政大学に進学しました。愛工大名電野球部から東京六大学へ進学するのは初めてのことだったので、家族をはじめ仲間たち、そして学校全体にとても祝福してもらったことを覚えています。

しかし、僕の野球歴は最初から順風満帆といったわけではなく、むしろ劣等生からのスタートでした。

名電高校にも特待生として入学したわけではありません。高校受験に失敗したため、一般生として入りました。

僕が入学したときは、工藤公康さんたちが夏の大会でベスト4に入った次の年だったので、一般生からも野球部への入部希望者が多数出ていました。

入部希望者が集まる教室に行くと、一部屋がいっぱいになるくらいの新入生でごった返していました。

そこに突然、ほかの部の先生、監督たちが次々と入ってきました。

なぜ中村監督が来ないのだろうと思って見ていると、先生方は口を揃えて言いました。

「野球部に入ってもレギュラーにはなれないからやめておけ」

そして各々の部の勧誘を始めるのです。

すると、部屋いっぱいだった入部希望者が次第に減り、最終的にそこに残った約六〇名が野球部に入部することになりました。


いざ入部すると雑用ばかりの日々が続きました。

学校とグラウンドが離れているので一般生同士でバスに乗り、練習が始まる午後四時から約一時間、球拾いをして帰っていました。

練習らしい練習もなく、（特待生とはこんなにも違うのか……）と悔しい思いを抱えていました。


そのような日々が続くなか、野球の試験を受けるという機会がやってきました。

僕は小学生のころからピッチャーをしていたので、ピッチングには多少自信がありました。

しかし、その試験で中村監督にバッティングの資質を見出していただき、打つほうで合格することができました。

その試験で一般生から合格できたのは僕を含めて四名でした。

先にも述べたように、僕は高校受験に失敗しています。野球に関しては多少腕に自信がありましたが、特待生としてどこかから声をかけてもらえるようなレベルではありませんでした。

中学生のときの進路指導で、「甲子園に行きたい」と言って、名電か東邦の野球部に入ることを希望していたのですが、「お前、アホか。うちの中学からでは、無理に決まっているだろう」と担任の先生に一蹴されました。

そのうちに、反逆心が芽生えてきました。

（絶対に公立で甲子園に行ったる！　俺がチームを甲子園に連れていくピッチャーになるんだ！）

勢いづいた僕は自分の学力に合わないような学校を受験して、まんまと落ちてしまいました。

そういう経緯で、僕は特待生としてではなく、一般生として名電高校の野球部に入りましたから、試験に合格できなくても、とにかく三年間は絶対に野球を続けようという気構えがありました。

最終的に、一般生から入部した約六〇名のうち最後まで残ったのは三、四名ほどでした。試験に合格し、一般生から入寮することになった僕らと、特待生として先に入寮しているメンバーとの間には、当初、溝がありました。

他の人はそんなことを思っていなかったかもしれませんが、僕には劣等感がありました。そして、三年生と過ごさず、つまり一番厳しくてつらいはずの時期を知らないままチームの四番を任されるようになりました。

そこでやっかみのようなものもありましたし、自分自身がみんなと同じだという意識は持てませんでした。

耐えることを学んだ寮生活

寮生活では「耐える」ことを覚えました。

あまりの厳しさに脱走するメンバーもいましたが、上級生が引退するまではとにかく辛抱だと思って過ごしていました。

漫画を読むことも、電話、手紙も一切ＮＧで、当時の唯一の楽しみは音楽を聴くことでした。

（辛抱だ、辛抱だ……）

そう言い聞かせていても、食事当番のときはめげそうになりました。

朝、前日の残飯を捨ててから朝食をとるのですが、夏は残飯にうじがわいていて……。手をきちんと洗う間もなく急いで食事をしなければならず、本当につらかったです。

どんなに疲れていても、食欲がなくても残してはいけないというルールもありました。

さらに、よく食事中に意地悪な先輩が、「おい、あいつにガン切れ」とこっそり耳打ちをしてくるのです。

そうすると、僕は逆らうことができないので言うことを聞くしかありません。

すると途端に「集合」がかかります。

（俺がやりたくてやってんじゃないのに……）

やりきれない理不尽さも、とにかく耐えるしかありませんでした。

幸いなことに僕の部屋の先輩は、近鉄からオリックスに行った安達俊也さんという方でとても優しい人でした。

中にはとても恐い先輩もいて、僕たちの学年は「チームワークを大切にしていこうな」と話し合っていました。

スター選手が不在だったにも関わらず僕たちが甲子園に行けたのは、そのような結束力が強さを生んだからということもあるかもしれません。

大学、社会人と野球を続ける

大学に入ると、さらにレベルの差があることに驚かされました。

大学の野球部の扉を開けてみると、同期は甲子園でホームランを打った有名な選手ばかりです。高校生のときは、

（同じ年のやつらになんか絶対負けない！）

という強気でいましたが、このときばかりはこの中でやっていけるのかと弱気になりました。

ただ、そんなときにも思い出されたのが中村監督の言葉でした。

「臥薪嘗胆《がしんしょうたん》」

成功するためにはとにかく我慢だということです。

耐えて真面目にやっていれば、きっと結果が出ると信じるしかありませんでした。

実際、練習に耐えられなかったり、遊びの誘惑に負けたやつはいつのまにか離脱していきました。

どんなに朝まで遊んでいようが何をしようが次の日にはちゃんと練習に行く。いつユニフォームを着られるかわからない日々に、見切りをつけてやめていく仲間を横目に、とにかく地道に続けるしか他に選択肢はありませんでした。

また、愛工大名電野球部から六大学に進学したのは僕しかいなかったので、僕が潰れてしまったら後輩の道まで潰してしまうので、それは避けたいという責任感もありました。

僕は三年生の秋から少しずつ試合に出られるようになりましたが、僕らが四年生のときにユニフォームを着てベンチに入れたのが二七名ほどで、試合に出られたのは僕と、中根と宮間。守備で途中出場した旗手。四年生全九名のうちの四名でした。

そのときは、まだ法政大学では三回しかなかった四連覇を達成していたので、記録にも残る試合に出場することができたことを誇らしく思いました。

一緒に出場した宮間という選手は、今、教育者として生徒に野球を教えています。大学時代の彼はとにかく破天荒なやつで、（ゆくゆくは夜の街を仕切る仕事をするのでは……）などと思っていたほどです。

こうして教育者となっている今の彼を見ると、結局、どんなに無茶をしていても最後まで残るやつというのは根が真面目なのだと感じます。

大学時代は四年生から寮に入ったので、三年生のときまではヒマラヤ荘というボロボロのアパートで暮らしていました。そこには同じ野球部の人間も多く暮らしていました。

記憶に残っているのは、僕が一年生のときの四年生の先輩だった韓さんという人です。

彼は今やマルハンの社長です。

当時からリッチだったようなのですが、そんなそぶりはまったく見せず、後に韓さんの素性を知り合いから聞いてとても驚いたことを覚えています。

大学での練習は、夏の走り込みが少しキツかった程度でした（社会人の練習が半端じゃなくキツかったということもありますが……）。

僕は実家の家業を継ぐつもりでいたので、社会人では野球をするつもりはありませんでした。

しかし、当時の大学の監督に反対されて、野球を続けることにしました。

はじめは三菱名古屋に行く予定でしたが、

「トヨタが五〇周年で愛知県内の選手を補強しているので来ないか」

と法政大学の先輩からの誘いの電話があり、トヨタ自動車に行くことにしました。

入った当時は、工藤公康さんたちの年代の選手がいたころで、京都商業出身で甲子園準優勝ピッチャーの井口さんなど、強い選手が大勢いました。

一番驚いたのはヤクルトスワローズでスターになる、古田敦也さんがいたことです。

大学からプロに行くことは考えていませんでした。

高校のときもそうでしたが、プロに行く人は守備がうまいという特徴があります。

ピッチャーは当然ピッチングの技術が問われますが、野手でプロ入りする人間は守備がうまくなくてはいけません。

バッティングの技術も評価の対象になりますが、一軍に残っている人を見ていると守備がうまいことのほうが重要視されているように感じます。

なぜならば、バッティングは時の運、水物という部分がありますが、守備については調子がいい悪いというのはあまり関係がないからです。

プロの世界は高校野球のように、「打て！　打て！　打て！」では通用しません。野球は守るスポーツでもあるからです。ですので、僕はプロなんて絶対無理だと思いました。

守備はどれだけ鍛えても上達しなかったこともあり、そこは才能やセンスが問われるものだと気づいたからです。

プロについてはあきらめていましたが、社会人野球に対しては少々なめていた部分があったと、トヨタ自動車に入ってから痛感しました。

今でこそ強いトヨタ自動車ですが、当時は三菱ふそうや、東芝、日産などの強豪チームと比べるとあまり強いチームではなかったので、そこでの野球など楽勝だろうとおごっていた部分がありました。

（大企業だけど、社会人野球としてはたいして名も知られていないし……）

その考え方が間違いだったと、入ってすぐに気づかされました。

先輩からの話にもあった通り、これから強くしていこうという気運が高まっていたので、練習もハードでしたし、才能のある選手も大勢いました。

なかでも、古田敦也さんは本当に最高のキャッチャーでした。どんなピンチのときでも、彼なら何とかしてくれるだろうという信頼感がありました。

「安心できるキャッチャー」というのは、この人のことを言うのだなと肌で感じることができました。

例えば、ノーアウト一、二塁で、バントがきても、彼がとって三塁でアウトにするだろうなとか、盗塁をされても多分アウトにしてくれるだろうとか、うまくいけばピックオフプレー（投手と示し合わせ、捕手が走者の虚をついて牽制アウトにするプレー）で一塁でアウトにするだろうなとかということを思えたのです。

僕は守備が下手なので、（来るなよ来るなよ……）という心配ばかりしていましたが、古田さんが守っていると安心できました。また人柄も面白い人でした。

トヨタ自動車では九年間活動しましたが、その間、都市対抗野球には六回出場しました。トヨタで三回出場して、あとは補強選手として出場しました。一度だけ東海決戦まで進出し準優勝しました。

中村監督に教わったことが、今、活かされている

家業であるカーディーラーを継ぐことは決まっていたので、トヨタ自動車に入社する際は将来役に立つスキルが身につく部署に行きたいという希望を出していました。

そして希望通り、ディーラーを支援する部署に配属されました。実際は仕事よりもとにかく野球漬けの日々でしたが……。

そのなかで、整備士三級の資格をとりました。そして実家に戻ってからさらに上級の整備士二級と検査員の資格をとりました。

トヨタ自動車にいたとはいえ、野球ばかりしていてあまり車に携わっていなかったので、飛び込みで仕事を始めたような感覚が抜けません。今も模索しながら仕事と向き合っています。

愛知県というところは土地柄、車は必須です。

僕の店があるところはどちらかというと田舎の町なので、地域密着という形で経営をしています。

どのメーカーの車も取り扱っていて、メインは車検となっています。

すると固定のお客さんが大切になってくるのですが、最近の車検はスタンドとか安いところがあるので、なかなか固定客がつきにくい環境になってきています。

ただし、部品交換などが入ると当社のほうが安くなるので、二回目以降の車検でお客さんを取り戻せる部分もあります。競合が多いのでそこでも辛抱が必要になります。

販売としては、これからはトラックに力を入れていきたいと計画をしています。

自動車業界自体、買い取りも競合他社が増えてきて厳しいですし、車検も顧客の取り合いが行われています。そして車を持たない若い人も増えています。

車自体もハイブリッドや電気自動車の割合が増えるなど、常に世相や技術革新で変化をしている業界ですから、だらだらやっていたら淘汰されてしまいます。

そのような中で、トラックの販売というのは一台当たりの単価が高いので、三〇～四〇億円を売り上げているところがざらにあります。

一〇〇〇万円クラスの大型トラックを月に一〇台販売できれば、一億円の売り上げになります。できるだけ手堅く安定させたいという思いがあります。


名電高校出身者で経営を行っている人間も多くいます。

その中でも成功者が多い理由は、個が強いという部分があるためだと思います。

人脈作りがうまいやつは人脈を使って派手に活躍していたりします。僕はそんなに派手なことはできないタイプなので、トラックで手堅くいきたいと思っています。

そこも、中村監督の「臥薪嘗胆」が効いているのかなと思います。


中村監督は個人の資質をよく見ていてくれ、社会に通用する礼儀を教えてくれました。

例えば、監督は話をするとき、「ちゃんと人の顔を見なさい」とおっしゃいました。

「自分がものをしゃべるときには人の顔を見なさい」とも言われました。

実際、監督と話しているとき、目線がそれるだけで怒られました。

野球のことだけでなく、社会の中で基本となる大切なことを高校三年間で学ぶことができました。

だから僕は、厳しい社会人野球の世界でも、今の仕事でも、成功を信じて耐えることができているのだと思います。

第4章 角 将人

人に助けてもらう人になることを学んだ

角《かど》 将人《まさと》

一九七五年生まれ。愛工大名電卒業後は同朋大学に進学。卒業後はサンジルシ醸造の社会人野球部に所属。現役引退後、二〇〇四年に名古屋市で人材派遣業を営む、有限会社スタッフアドバンスを設立。代表取締役を務める。

名電野球部を経て、大学、社会人と野球を続ける

大学を卒業してから入った社会人野球のチームが四年目に廃部になったことがきっかけで、僕は野球をやめました。

これから何をして暮らしていこうかと考えていたときに、大学の先輩が現在の派遣業について教えてくれ、起業のためにいろいろと手を貸してくれました。

廃部と同時に会社をやめた僕に、さまざまな慰めや励ましの言葉をかけてくれる先輩や仲間は大勢いました。

皆さんにもそのような仲間がいると思います。しかし、実際に手を差し伸べてくれる、力になってくれる人はどれほどいるでしょうか。

そしてなぜ、手を貸してもらえるのでしょうか。

人に助けてもらえる人になるということを、僕は名電高校の野球部で学びました。

僕が野球を始めたのは小学四年生のときです。

そして小学校・中学校と野球部に在籍していました。

中学校の監督は野球に熱心で、

「名電でこの子に野球をさせてほしい」

と、僕を推薦してくれました。

そして名電高校を卒業後、同朋大学に進学し、その後は三重県にある味噌や醤油の醸造業を営む会社の野球部に入りました。

そこでは野球の練習のほかにも営業などの仕事をさせてもらいましたが、このまま続けていいのかと迷いが生じたため、廃部と同時に自分自身もリセットしたいと思い、退社することにしました。


しかし、退社したものの、やりたいことは一向に見つかりませんでした。

僕は野球ばかりやってきて学力に対するコンプレックスもあったので、自分の可能性を低く見積もっている部分もありました。

そしてフラフラしているとき、大学の先輩が派遣の仕事について教えてくれたのです。

そのときは自らが派遣元になって会社を起こすなど、正直、自信がありませんでした。

しかし、話を聞いてこの仕事をしてみたいと強く思ったのです。

そして平成一六年、二八歳のときに事業をスタートさせました。
そして現在まで九年間、名古屋で会社を続けています。

「こんくさい」先輩のお陰で、処世術が培われた

事業をスタートさせたときは右も左もわからない状態だったので、とにかく先輩の言うことを聞いていました。

求人についても、募集広告を出しても思うように人が集まらず、人づてに働ける人を集めることもありました。人に助けてもらいながら日々の業務を何とかこなすというような日々でした。

幸いにも、当時は万博「愛・地球博」の準備や中部国際空港セントレア建設などの影響で景気も良く、仕事は多くありました。

どこの会社もそうかもしれませんが、人材派遣業を営んでいて一番苦労することは人の管理です。

「じゃあ、明日お願いします」

と前日に約束しても翌日現場に出てこない人も多くいるのです。

ですので、家を出たときに電話をしてもらい、現場に着いたらまた電話をしてもらうという二重連絡などの対策をしていますが、現場に行かない人が一定数いるのが現状です。

中には携帯電話を持っていない人もいるので、

（本当に現場に行ったかな……）

と、はじめのころは不安で仕方がありませんでした。

しかし、経営を続けるごとに長く働いてくれる人も出てきて、信頼できる派遣社員も増えました。

派遣の登録には、本当にいろいろな人が来ます。鞄一つで寮に入ってくる人もいます。彼らが信頼できる人間かどうか見極める目を持たなくてはいけません。

完璧にできているとは言えませんが、僕は人を見るということを高校時代に、「こんくさい」先輩から教えてもらいました。「こんくさい」というのは名電の野球部用語で、「根性が腐っている」というようなニュアンスで使われています。

こんくさい人というのは学年に必ず一人、二人いました。他の先輩たちも十分怖いのですが、こんくさい彼らは、「本当にそこまでやるのか！」と言われるようなとんでもないことをする人たちでした。彼らに目をつけられてしまったら地獄です。

寮ではパートナーと言われる先輩が付くのですが、彼らの存在はこんくさい先輩とつき合っていくのに非常に重要でした。

パートナーに人望や力があると、怖い先輩たちから守ってくれるのです。

しかし、僕のパートナーになった先輩はそういった権力ピラミッドとはまったく縁のない人でした。さらに僕自身も要領のいいタイプではなかったので、意地悪な先輩にはだいぶ目をつけられてしまいました。

例えば、ある先輩に別の先輩の悪口を言ってくるよう指示されたり、食事中にガンを飛ばせと目配せをされたり……。

僕に限らず下級生はほとんどやられていましたが、

（誰のためにもならないことをどうしてさせるのだろう……）

と、理不尽に思いながらも先輩の言うことには逆らえずしぶしぶやっていました。

すると悪口を言われたり、ガンをつけられた先輩の逆鱗に触れ、ゴミ箱の上に長時間正座させられる「ゴミ箱正座」や、ケリを入れられるなどの「集合」が行われました。

集合が行われているときは、怒鳴られながら、

「これをしたら許してやる」

という言葉が出るのを待たなくてはなりません。その言葉を聞くと、

(やっと解放されるぞ!)

と喜んでいました。今思えば交換条件を出されて喜ぶのもどうかと思いますが……。

要領のいい人は先輩が言う前に、

「お詫びにこうします!」

と提案するのですが、すると先輩に、

「お前調子に乗っているのか!」

とまた叱られてしまいます。

先輩の言うことが絶対なので、

「許してやる」

という言葉は先輩から言われないといけなかったのです。

そういったことを体験しながら僕は処世術を学んでいきました。

ルールを守ることを徹底的に覚えさせられた寮生活

昔の寮は四人部屋だったそうですが、僕が入ったときには寮が改装されていて、大部屋で先

輩後輩が全員一緒に寝ていました。

そこは広い部屋に二段ベッドが並べてあり、初めて見たときは異様な光景だと思いました。

夜になると、先輩に、

「一年！」

と、呼ばれます。そして先輩が眠るまでマッサージをするなど用事を言いつけられました。

プライベートなどまったくありません。

一年生は音楽を聴くのもダメ、漫画を読むのもダメ、好きな靴を履くのもダメと、NG項目だらけで、どうしてこんなに自由がないのだろうと思っていました。

靴は白だと決まっていて、ラインが入っているものもマークが入っているものもNGでした。

まさかラインもNGだとは思わず、親が新調してくれたライン入りの靴を初日に履いてきて先輩に、

「お前、余裕か（調子に乗ってるのか）」

と叱られているメンバーもいました。

また、学生服のベルトも、野球のユニフォームのベルトをつけるように決められていました。

泥まみれの練習用をつけるわけにもいかず、練習用と学生服用の二本を持っていました。おしゃれなベルトをつけている同級生たちが羨ましかったです。

これも名電高校野球部の用語になりますが、「余裕」というのは偉そうにしているとか、ふざけている、なめているというような意味で使われていました。

例えば寮内を歩くときにスリッパの音が少しでもペタペタと鳴ると、即座に、

「誰だ！　今余裕をこいとったやつは！」

と、怒られてしまいます。


服装以外にも野球部にはさまざまなルールがありました。例えば、すべての語尾に「です」をつけるというものです。

そして、とにかくすべてを復唱しないといけないというルールがありました。

例えば、ヘルメットを持ってくるようにと言われたら、

「はい、ヘルメットを持ってくるです」

と答えなければいけません。

適当に返事をしていないか、内容をきちんと理解しているかということが試されていたのですが、すごく長いことを言われるとあたふたしてしまいました。

しかし、どんなに不思議なルールでも郷に入っては郷に従えです。ルールを守ることを徹底的に覚えさせられました。

高校生は若く、体力もあります。若さゆえに自分の力をコントロールできずに、力で自分の思う通りにしたいという衝動に駆られることもあるでしょう。

特に高校生というのは背伸びもしたいし、悪い誘惑も多い時期です。

そのような子どもでもない大人でもない多感な時期の学生に必要なのは統制です。

正しいやり方かどうか賛否はあると思いますが、「決められたルールを守りなさい」と口で言われるより、目上の人に厳しく指導されるほうがより効果的なのではないでしょうか。

ほかにも寮の生活では、「どえらいところに来てしまったな」と思うことがたくさんありました。

例えば、入浴の時間です。

当時はボイラー式の浴場になっていたので、風呂焚き当番はありませんでしたが、そのボイラーの威力が弱く、最後に入浴するときにはシャワーからお湯がほとんど出ませんでした。

点呼の時間までに入浴を済ませなければいけないのですが、先輩が入った後に入ると最後の一五分ほどしか入浴できる時間はありません。

一年生全員でわっと入って、湯船につかるどころか、シャワーを浴びる時間もなく石鹸まみれで部屋に戻っていました。

食事の時間も食器などが少しでも欠けていると怒られますし、醤油さしの出口が詰まっていてうまく醤油が出ないときにも怒鳴られました。そのため爪楊枝で醤油さしの出口を掃除するのが日課になりました。

こうして振り返るととんでもない寮生活なのですが、悪い面ばかりではありません。若いときから生活の基礎が身についたことはよかったと思っていますし、これらの生活を通して目上の人を立てるというのがどういうことかを学ぶことができました。

忍耐力、謙虚さ、素直さこそが大切

僕たちの年代は名電高校の低迷期にあたり、あまり強くないチームでした。そのようなプレッシャーやストレスを先輩たちは感じ、僕たちに強くなってほしいという思いで強い指導があったのかもしれません。

こんくさい先輩がいる一方で、イチロー選手のようなストイックな先輩の練習も見てきました。

また、日頃の行動や、やりとりなどから暗黙の了解で同級生の中でピラミッドが作られるのですが、何かに飛びぬけている人というのはオーラが違うなと感じました。

中村監督はあまり口うるさく言う人ではありませんでしたが、練習日誌を持っていく当番のときはさまざまな話をしてくれました。

また、ミーティングでかけられた言葉は社会で生きていくための心得になっています。

「雨が降っていなくても傘を持って行くくらいの準備をしろ」

「天に向かって唾を吐いたら、自分にかかる」

「喉元過ぎれば熱さを忘れる」

というようなことをよくおっしゃっていました。

当時の僕はよく理解できていませんでしたが、今はまさにその通りだなと思います。

また中村監督はキャッチボールをするときに、

「情を持って投げ、熱を持って受けろ」

と僕たちに教えてくれました。

相手の気持ちを考えてボールを投げ、ボールを投げてくれた人の気持ちを考えて受け止めなさいということです。

人材派遣業で人と接することの多い僕が一番大切にしなくてはならない部分です。

そうでなければあっという間に淘汰されてしまうでしょう。


困難なことは人生においてどの場面でもやってきます。

それを切り抜けられる人、困ったときに手を貸してもらえる人というのは、「苦しいことにも耐えられる人」「目上の人をきちんと立てられる人」、そして「熱い気持ちで人と向き合える人」ではないかと思います。

それはつまり、忍耐力、謙虚さ、素直さがあるということです。

僕はそれらを名電高校の野球部で学びました。まさに、「こんくさい先輩」のおかげだと感謝しています。

第5章

間瀬英樹

「名電魂」が今を生きる原動力。
白血病の克服と車いす生活

間瀬英樹《ませひでき》

一九六二年生まれ。愛工大名電高校卒業後は企業の野球部に入部するもヘルニアを発症し同社を数日で退社。

以降は運送業に携わるが、三六歳のとき交通事故に遭い、車いす生活となる。

直後に発覚した白血病で余命宣告をされるも奇跡的な復活を遂げる。

現在はマリオハウスのオーナー。西尾市で子どもたちに絵を教えるなどしている。

中村監督との衝突

僕は三六歳のとき、車の事故で首の頸椎を損傷したため、車いすで生活しています。

さらに、その後白血病が発覚し余命三日と宣告されました。

しかし、名電高校野球部で過ごした日々が僕に生きる力を与えてくれました。

僕の野球歴は中学生から始まります。

小学生のころはソフトボールをやっていました。当時の僕は一六八センチで体重は七〇キロくらいありましたから、野球をしているチームと遊びで対戦しても負け知らずでした。

中学になっても圧倒的に強かった僕は自分の力に自信を持ち、調子に乗っていました。

中学三年生の春か夏くらいになると、名電高校からのスカウトがあり進学を決めました。

しかし、入寮して二週間目には布団をまとめていました。

「ここではやっていけん」

上下関係や練習が厳しいという以前の問題として圧倒的なレベルの差がありました。

入部したときには、周りは体も細いし、これは楽勝だと思っていたのですが、彼らが動いているところを見たとき（なんじゃこりゃ）と、ぶったまげてしまいました。

ピッチャーができれば野手もできるだろうと見越してか、ピッチャー上がりの部員が多くいました。

最初のテストでは一人ずつ投げるのですが、僕は恥ずかしくて投げられませんでした。これまで天狗だった自分の鼻をボキッとへし折られた瞬間でした。

中村監督との出会いは二年生になったときでした。

監督が交代になり、やってきたのが中村監督でした。

そのころ、ちょうど工藤公康が一年生で入ってきました。中村監督は工藤たちの年代から育成プランを考えているようでした。

ですから、中村監督にしたら僕らはどうでもよくて、「はよ、でてけ」と思われていると感じていました。

そのような不満が高まって、僕たちは三年生になったときにボイコットを行いました。

一年生ばかりを可愛がっているように見えて、拗ねていたのです。

僕たちは授業が終わると合宿所で練習せずに、知立市にあるグラウンドで練習していました。当時のキャプテンの原口というのが知立の出身だったので、親たちがそこにグラウンドを借りてくれたのです。

ただ、不思議なことに、三か月ほどボイコットをした記憶はあるのですが、和解したきっかけは思い出せません。

もしかすると、親が間に入って収めたのかもしれません。

僕たちは今でも毎年中村監督のところに新年のあいさつに行くのですが、そこに集まる人間は、僕たちの一つ上と僕らがほとんどです。

確かに、僕らも中村監督の教え子ではあるのですが、監督が引っ張ってきたわけではありません。そんな人間が集まるのは不思議なことだと思います。

中村監督に対してボイコットをしてしまった、そういう罪悪感のようなものがあるのかもしれません。

中村監督が大谷高校に異動されたとき、僕たちは試合があると名電高校ではなく大谷高校の応援に行っていました。もちろん、母校である名電高校を応援する気持ちはあります。しかし、母校と中村監督だったら、中村監督を応援してしまうのです。

高校時代にあんなに批判をしていたのに不思議なものですよね。

監督の第一印象は「優しそうな人」だというものでした。

僕らと一回りくらいしか歳も違わず、就任一年目ということで、少々頼りなく感じる部分もありました。

しかし、ふたを開けてみたらとんでもありませんでした。今までに経験したことのない練習方法を次々と編み出し、そのたびに僕らは驚かされ、地獄を見ました。

特に覚えているのが、「地獄のノック」です。

剣道の小手をつけて、ホッケーのお面をつけて、キャッチャーのプロテクターをつけて、超至近距離からのノックを受けるのです。

その練習で僕は、足の指を二本折って、手の指を三本折りました。

それでも医者には行きませんでした。そこで休めば、僕の後ろに控えているライバルたちにチャンスを奪われてしまいますから。

ですから、骨が折れていても踏ん張って練習に残っていました。

一発当たったら折れてしまう、それくらいの距離で練習しているのでいつも気が抜けませんでした。

あとは、スコップや長い物干し竿を使った練習もありました。

大人になってから中村監督がボランティアで小学生たちに野球を教えているのを見て、（こんな練習、自分もしたな……）と、思いました。

そのときに、その練習法が理に適っていることに気づき（なるほど！　これはいい練習だ）と実感したのですが、高校生だった当時はその発想についていけず、（なんじゃこりゃ？）と思っていました。

中村監督は、必ず努力を評価してくれた

厳しい練習には耐えたものの、僕は高校の三年間で一度もマウンドに上がることはできませんでした。

投げるチャンスもありませんでした。

じゃあ何ができるんだといっても、打てない、守れない、肩が悪い。もうやめるしかないレ

ベルだったと思います。

（そこらの公立高校に入ればレギュラーになれたかもな……）

と悩みましたが、打てないのならば練習するしかありません。

中村監督は講演でよく「夜中に幽霊が出た」という話をなさいます。

「グラウンドで一人バットを振っているやつがおって。幽霊が出る、幽霊が出る。夜中になると変な音がする。そうするとだいたいイチローだ」

というものです。

実は、その前に僕も夜中にバットを振っていました。

時々、深夜に寮に戻ってくる監督に見つかりました。

「お前何で練習してるんだ？」

と、監督が僕に尋ねるので、

「明日の試合でヒットを打ちたいからです」と答えると、

「お前、いくらバット振ったって打てないよ。もう寝ろ」と言われていました。

それでも二時、三時まで素振りをしました。

結果は監督の言うとおりです。三打席、三振。

打てないことは自分でもわかっていました。しかし、それでも僕は深夜の練習を続けました。

そんな僕に監督はレギュラーをくれて、副キャプテンに任命してくれました。

今考えると、監督の器の大きさというのは「見捨てないところ」なのだと思います。

監督は、僕が少しでも努力するところをしっかり見てくれていました。

僕は打てないし守れないので、ほかに何で貢献をするべきかということを常に考えていました。

僕らの年代のキャプテンは試合で負けていると覇気がなくなるタイプでした。

しかし、まとめる力は抜群にある。

それでは、彼をサポートするためにはどうしたらいいか。

対戦校にリードされてみんなが落ち込んでいるときに、空元気でも元気を出すことが大切だと思いました。人よりも声を出そうと考えたのです。

そこでどんな試合のときでも声を出していたら、

「お前はグラウンドでのキャプテンになれるから、副キャプテンになれ」

ということになったのです。

当時の僕は人をまとめられるわけがないと思っていました。ですが、監督はそういうところを見抜いてくれて、副キャプテンにしてくれたのです。

ではそれに応えるためには？　打てないなら、もうバッティングの練習は必要ないと思いました。

そこで、監督に直談判をしに行きました。

「俺はもうバッティング練習はいりません。バントだけ練習させてください。バントの確率を90％にしたいです」と言いました。

ちょうど僕の前は打率の良かった後輩の工藤なので、「ワンアウトで工藤が出たら、俺は全部バントでいいから、バントのサインをください」とお願いをしました。

そして、バントの成功率を完璧にするためにずっとバントの練習をしていました。

それと、いつも元気。そうして一桁の番号をもらうことができました。


バッティングにしても守備にしても、僕の控えのほうが優れていたので、親たちの中では、「何であんなへたくそが、レギュラーで一桁の番号をもらうんだ。賄賂を渡しているのではないか？」という話もあったそうです。

ですから親にもいらぬ迷惑をかけてしまいました。勝つために選ばれるべき選手より、先に僕がレギュラーをもらってしまったのですから。

そのあたりは監督も父母会のほうからいろいろ言われたのではないかと思います。

しかし、監督は僕をそこで使ってくれました。ですから、僕は監督には恩義があるのです。

過酷な寮生活の中で、気働きを学んだ

寮生活もとんでもないことばかりでした。一週間のうちにまともに眠ることができるのは一日あればいいほうでした。

先輩からのしごきで、腕立て一〇〇〇回、腹筋一〇〇〇回は当たり前です。丸いゴミ箱を二つ並べて、その上で正座する「ゴミ箱正座」というものもありました。今思えば、江戸時代の拷問のようです。

何をするにしても、すべて一〇〇〇回やれと言われていました。

三年生が風呂に入る時間が一番気が休まりました。

風呂に入るとき、三年生がまず一年生を呼びます。風呂に入ると担当の一年生が背中を流すのです。

なぜ一番気が休まるかというと、風呂に呼ばれるときは二年生からのしごきから抜けられるからです。だから、喜んで行っていました。

（はよ、風呂に入ってくれないかな……。入ったぞ！　よし、これで呼ばれるぞ）と。二年生も三年生には敵わないので、三年生に「間瀬来い！」と呼ばれると、「行って来い！」となります。一分一秒でも早く一年生を送らないと、今度は二年生が怒られてしまいますから。

なるべく三年生に可愛がられるようにすると、二年生から逃げられます。ここで気働きすることを覚えました。

一年生は、廊下を歩くのにも気を遣わなくてはいけません。すれ違いざまに、ほんの少し体が触れたというだけで、「集合」になってしまいます。自分が気をつけていても、同じ一年生の中にどんくさいやつがいると、毎晩「集合」がかかります。連帯責任でした。

よくたとえられましたが、寮生活は刑務所より厳しいと思いました（ただし、出て行ったらもう二度と戻れませんが）。

何度ももう帰りたい、やめたいと思いました。

しかし、僕が逃げたら、「あの中学の卒業生はダメだ」と、後輩の道を閉ざしてしまうことになります。

僕が初めて母校の中学から野球の特待生みたいな形で引っ張られたのでなおさらでした。今後の後輩のための道を作るためのプレッシャーもあって、やめられませんでした。

そんな生活の中で耐えながら、夜中の二時、三時までバットを振っていた。そういうところを見てもらったことは精神的に救いにもなりました。

「人生のレギュラー」をつかむため、独立を目指す

卒業してからは社会人野球のチームに入りました。しかし、二月から練習を始めて四月にヘルニアになって腰をダメにしてしまいました。

四月一日に入社式をして数日で退社になりました。

普通、ヘルニアになると腰をかばうものですが、僕はその後、酒とみりんを運ぶ運送屋に就職することになりました。

そこで、一か月おもしを引っ張ることで腰を痛め入院してしまいました。

その後、運送屋に就職しました。そこでは腰をかばわず無理に使ったことが何かの功を奏したのか、ヘルニアが治ってしまいました。

そして三〇歳で独立をするという夢を持って運送業を始めました。

一八歳で仕事を始めたので、約一〇年は修行期間でした。

なぜ独立を目標にしていたかというと、中村監督がいつも言っていた、「人生のレギュラーを目指せ」という教えがあったからです。

壁にぶつかったときはパーキングに行って、「ああ、あかんあかん、俺の目標は自立することなんだ」と言い聞かせていました。

この、自分に気合を入れていたパーキングというのは、高速道路の守山のパーキングエリアです。そこからは、愛工大名電高校の野球部のグラウンドが見えます。僕はくじけるたびに、そこでグラウンドを眺めていました。

(今の悩みなんてくそくらえだ。あのグラウンドではもっととんでもない、あの寮ではもっととんでもないことがあったじゃないか)

当時のつらかったことを思い出すと、こんなことで何を悩んでいるんだろうと思えるくらい(なにくそ!)というパワーがわいてきました。

中村監督が講演を行うとき、僕のこのパーキングでのことを話してくださっているようです。

監督のすごいところは、いち教え子である僕のことを今でも気にかけてくれているところです。

僕は三六歳のときに広島で交通事故を起こしてしまったのですが、名古屋に戻ったときに、一番に来てくれたのは監督でした。

いち卒業生に対して、そういうことができる監督の人徳を尊敬しています。だから人がついていくのだと思います。

監督の家に集まるときも、家は二階にあるので、車いすの僕は一人では上れないのですが、「お前を持ち上げて二階に上げる人間を必ず用意するから、だから、絶対に出席しろ」とおっしゃってくれます。

お正月に集まるときには必ず若い人が来ていて、車から降りる時点からおぶってくれて家に入れてくれます。

事故にあった直後は、意識がなく、体が動きませんでした。植物状態です。

しかし脳は生きているので、（頭がかゆい……）などいろいろなことは思うのですが、手も指も動きません。（なんやこれって……）と思いながら過ごしていたのですが、ある日、指がぴっぴっと動いたときに、生きていることを実感しました。

車いすになり、住んでいたアパートに戻れなくなってしまったので、実家にプレハブを建てて、自分がそこに住めるようにして生活をしていたのですが、もともとうまくいっていなかった妻が三人の娘を残して出て行ってしまいましたので、これはいかん、ということで生命保険や諸々を使って子どもたちと暮らすための家を建てました。

新しく家を建てるとき、妻に「戻る気があるなら、部屋を一つ作る」と声をかけてみました。するとそのときは「戻ります」と言っていたのですが、土壇場になって、「私、やっぱり戻らない」と言い家族の再構築はできませんでした。

体が不自由な父親に母親の不在。娘たちに対してはふがいない両親で申し訳なく思いました。

懸命なリハビリ後、白血病が発覚

リハビリは相当厳しいものでした。

しかしそこで「車に乗る」という目標を立てました。そして車の乗り降りをするためのリハビリを始めました。

また、指が動かなかったのですが、麻雀ができるようになりたいと思ったので、名古屋のリハビリ病院で、牌を持って捨てることをとことん訓練しました。

車に乗れるという確約はありませんでしたが、これも名電魂というのでしょうか、リハビリ中に車を購入しました。

院長に頼んで、家ではなく病院に納車をさせてもらいました。

周囲からは、「乗れるようになってから買えばいいじゃないか」と反対されましたが、僕は、先に購入することにこだわりました。必ず車に乗れるようになると決めていたからです。

車にこだわった理由は、娘たちのためです。そのときは、彼女たちがデパートなどに行くときは介護タクシーを呼ばなければなりませんでした。ですので僕が運転して娘たちをデパートに連れて行くのが夢だったのです。

そこから二年弱で車に乗れるようになりました。

しかしその後、白血病が発覚し余命が三日だと宣告されました。

何とか三日を生き延びることができ、再度検査をすると悪いものは見えなくなっていると言われました。

頸椎を損傷していて体が不自由な僕は感覚が鈍く、苦しいかどうかもわかりません。

便も出せないし、おしっこも出せません。

気持ち悪いも、おなかが減ったもわからないのです。

普通の人は抗がん剤の苦しみを訴えられますが、僕は痛みがわからないので抗がん剤が効いているのかどうかもわかりませんでした。

今も手術をするときは麻酔をしません。

メスを入れても、体に感覚がなく痛くないからです。

入院して二日目のことでした。先生に「抗がん剤は三日後にやるけど、何がしたい?」と尋ねられたので「もう死んでもいいから、次の日に外出させてくれ」と答えました。

命がけで向かった先は名電のグラウンドです。同級生たちが集まってくれました。

そのときは倉野さんが監督をしていて、彼に許可をもらって、グラウンドに入りました。

名電のユニフォームを着させてもらって帽子をかぶってグローブも持って、車いすで一塁を守らせてもらいました。そのときの集合写真も残っています。

でもそのときのことは、実はよく覚えていません。意識がなかったのです。

そのときは(その場で死んじゃうんだろうな……)と思っていました。

病院に戻り二日後に抗がん剤治療を始めたのですが、当時のことは意識がもうろうとしていて何も覚えていません。写真を見ても「あれは夢だったのだろうか」と思うような状態です。

そういう状態のため、抗がん剤を投与したときの反応がわからなかったのですが、「一番のヤマ」になると言われていた、抵抗力が落ちる二週間目を迎えましたそのとき、一週間に二回ほど中村監督が病室に見舞いに来てくれました。忙しいのに、毎週来てくれました。

一〇〇人、二〇〇人と見舞いに来てくれる人はいました。でも病室に来て、一、二時間ずっとベッドサイドにいてくれたのは監督だけでした。

病室でいろいろな話をして、感心させられたことがあります。監督のすごいところは、卒業生の名前を全員言えるところです。

「何年卒業は誰、こいつはこうで、こうで、こういう選手だった」と。

全員のことを覚えているのです。

中村監督が名将と言われる所以は、こういうところにあると思います。教え子を全部理解しているというところです。

教え子が、今何をしたら一番いいところにいくのか、「人生のレギュラー」になれるのか、いつも考えてくれていました。野球はダメでも、こいつはマネージャーとして育てようと見捨てずに向き合ってくれたりということです。

今でも支えられている教え子は大勢いるはずです。

また、がむしゃらに働きたい

おかげさまで白血病は五年間再発せず、完治させることができました。

これも監督が陰ながら支えてくれたことが大きく関係しています。

交通事故のときも、監督が「何かしてやらな」と言って、イチローから僕宛にサインをもらってくれました。

それを病棟に飾ってリハビリも頑張りました。

次に、白血病になったときも、監督がイチローのお父さん、チチローさんのところに行って、またサインをもらってきてくれました。そしてまた病棟に飾りました。

大病を患っていた少女にイチローがサインを渡したら、その子が復活して今も元気に過ごしているという話を聞いて、再びそのときサインをもらってきてくれたのです。お陰様で僕も完治できました。

二枚とも僕の宝物です。

リハビリを終えてから、僕は絵と卓球を始めました。

卓球ではパラリンピックを目指しました。同級生にそのことを話したら、卓球台をプレゼントしてくれました。さすが名電の友人だと思いました。

（えぇっ！　頑張ってパラリンピックに行かなきゃ）と、プレッシャーに感じたことをよく覚えています。

障害を持つ人たちのスポーツで、健常者と違うのは、障害のレベルによってクラスが違うというところです。

僕はラケットを持てないので、「クラス2」というところに入ります。

そして数年前に、「クラス2」のチャンピオンになりました。

そこで、世界大会に行くことができる切符を得たのですが、参加するにはその費用をすべて実費で賄わなければいけません。一度の遠征に一週間くらい行くと、だいたい五〇万円かかります。

ですので、チャンピオンになったからといって、なかなか簡単にはパラリンピックのポイントをとりに行けないのが実情です。

その他の活動としては、住んでいる校区の小学校で月に一度、子どもたちに絵を教えています。

四年目になりますが、子どもたちを見ているうちに、彼らが家でゲームをするだけでなく、外で安心していられる居場所を作りたいと思うようになり、駄菓子屋を始めました。

今は車いすが手放せない体ですが、僕はまだ運送屋をやる気でいます。

一〇代のころ配車を担当しましたが、そこが運送屋の苦労が一番わかるところです。効率よく集荷と配送をこなすためにはどうするのかなど、一番勉強になる部署でした。どうしても回せないときには自分で走ったりもしました。朝から夕方五時まで事務をやり、五時から夜中まで集荷や配送をしていました。

いろいろなところを走り、戻ってきてまた朝から配車をするというのを、三年間続けました。徹夜も当たり前、昼夜を問わずに働き続けました。

今はそのようには働くことができませんが、まだやりたいという気持ちがあります。がむしゃらに働きたいのです。

夢はまだあります。六〇歳に僕が運転できるキャンピングカーを作って、日本一周するというものです。

排便をはじめ日常生活を送るうえでの壁は多々ありますが、サポートをしてくれる友人がいるので、その彼と、六〇歳になったら二人で日本を一周しようと話しています。
これは本当に実現したいです。名電魂にかけて。

第6章
新井　正

日々の鍛練で培われた
勝負場面での冷静さ

新井《あらい》　正《まさ》

一九六九年生まれ。愛工大名電高校野球部では主将を務めた。

卒業後は住友電工の軟式野球部に入部。

二三歳のときに家業である塗装業を始め、三二歳で独立。

その後、「住まいのリフォーム Refresh　あらい」に屋号を変更し、同社の代表取締役に就任。

PL学園のセレクションを経て、愛工大名電に入学

僕の野球歴は小学五年生から始まります。

野球が好きだった父の勧めもあり、平針HBCクラブという少年野球のチームに入ったのが本格的に野球を始めるきっかけになりました。

六年生になると、硬式野球で全国的にも有名な東海チャレンジャーというチームに入りました。

そして愛工大名電に進学し、中村監督に本格的にお世話になることになりました。

愛工大名電を受ける前は、PL学園のセレクションも受けました。

きっかけは、お世話になっていた整体師の先生がPL学園の監督と知り合いで、その先生の推薦で受験することができたからです。

セレクション会場には、僕が行ったその日だけでも一五〇名くらいの受験者がいました。

名前では誰が誰だかわからないので、受験者にはゼッケンが渡されます。そして、

「はい、一一九番、走って」

というように言われて、五〇メートル走やバッティングのテストを受けました。

当時は、一位から九位までがAランクで、一〇位から一五位までがBランク、それ以下がCランクというようにランク分けがされ、Aランクから順に合格になるという仕組みでした。

僕はBランクで、合格まではあと一歩でしたが、当時のPL学園のセレクションには後に中日ドラゴンズで活躍する立浪氏がいるなど、全国のトップクラスの人材が一堂に会していました。

今思うと、PL学園に入っていたら僕がレギュラーをとることは難しかったでしょう。

寮生活で、先輩たちに徹底的に鍛えられる

愛工大名電に入学し、野球部の寮に入って、今まで家庭でぬくぬくと過ごしてきた僕たちは、その厳しさに驚かされました。炊事や洗濯、風呂焚きなどは、もちろんすべて自分たちで行わなければいけません。

当時の寮はまだお風呂を薪で沸かしていました。火を起こすのに必要な薪は寮から約七、八〇メートル先の裏手にリヤカーを引いてとりに行きました。

そしてその薪を斧で割って風呂焚きをします。僕たちが三年生のときにはワンプッシュのガ

ス式に変わってしまうのですが。

改装前の一番ぼろぼろのときの寮だったので、ゴキブリをはじめ虫もたくさんいましたし、スパイクで穴だらけの下駄箱は前を通るだけですごい匂いがしました。今思うとよく暮らしていたなと思います。

そんな中で、風呂焚き当番が唯一の癒しの時間でした。

みんなが練習から上がる二、三時間前に切り上げて湯加減を調整する役目です。

加減を間違えると、ぬるくなったりして、三年生に大目玉をくらうこともありましたが……。ボイラー室で、薪をくべながら風呂釜の中の火の温度を一二〇度ぐらいに保つように監視をするのですが、火を眺めながら、先輩たちとも離れて一人の時間を過ごすことができ、そこでいろいろと考えることができました。

寮では先輩たちと接することで得るものが多くありました。

当時の寮は、四名一組でした。三年生と二年生が一人ずつに、一年生が二人という組み合わせです。

一年生は上級生の付き人のような役割で、朝起きる前に歯ブラシに歯磨き粉をつけて用意をして、「起床なのでお願いします」と声を掛けます。

起きてきたらセットしてある歯ブラシを渡して、顔を洗いに行ったらタオルを持って行って、学生服をハンガーにセットして、靴下を用意します。

靴下にも先輩の気分とこだわりがありました。

用意している靴下をちらっと見て、

「他のメーカーの靴下は？」

と言うことがあります。

そしてそういうときに限って、そのメーカーの靴下の片方だけがないということがよくありました。そのときの冷や汗をかく感じというか、焦燥感といったらありませんでした。

「探しておけよ」

という一言でその場は収まるのですが、実際はその後が大変です。

寮にあるすべての部屋を探し回ることになります。

たいてい、二層式の洗濯機の脱水機のほうに入っているのですが、本当に見つからない場合は、こっそり購入して補充していました。

今の寮には、もう歯ブラシのルールなどはないと聞いていますが、信じられないルールがあったものです。

洗濯も一年生が行っていました。自分の洗濯物は自分で洗うという表向きのルールはありましたが、実際は一年生が行っていました。

ヘッドスライディングの練習をよくしていたので、ユニフォームはドロドロです。洗濯当番が回ってきたら、全員の私服とユニフォームを洗わなければいけません。その量は約一二〇カゴ程度ありましたから、作業は夜通しです。だいたい午後五時くらいから洗い始めるのですが、食事と入浴の時間以外を洗い続けても終わりません。

午後一〇時を過ぎても洗いきれないので、翌朝の早朝に起きて洗っていました。中でも冬の洗濯当番は地獄でした。素手で洗うので手はしもやけになります。とにもかくにも先輩のユニフォームをきれいにしないといけないので、一年生は自分の私服やユニフォームを洗っている時間などありません。せいぜい水ですすぐくらいでした。三年生はいい香りのする柔軟剤を使ったりしていたのですが、二年生以下の服はとにかく臭かったことをよく覚えています。

このように先輩たちとの厳しい生活を経て、自分たちが上級生になっていきます。そうすると、今度はまた違う厳しさが見えてきます。

僕はキャプテンを務めていました。キャプテンは前年の三年生の指名と監督とコーチの合意によって選任されます。そして、キャプテンになると、毎日監督の家に行って練習のメニューや翌日の段取りを決める役割を担います。

一番上になると誰にも注意されなくなるので、横着になってしまうこともありました。一度、練習中に気がたるんでエラーをして、グラウンドから出されてしまいました。連れ戻されるわけなどなく、自分から「すみませんでした！」と戻っていきました。

中村監督に、

「キャプテンが負担ならやめるか？」

と、言われたときは、

「すみません！　もう一度やらせてください！」

と即座に答えました。

自分から舞台を降りたらそこで終わりです。そして、チャンスは一度限りしかありません。二度目はないのです。

日々の鍛練こそが大切

僕たちは夏の準々決勝で東邦高校に負けてしまいました。

その試合の終盤で僕にチャンスが回ってきました。

ツーアウト二塁、三塁。ここで勝負の流れが変わる、というタイミングでした。

打席に入ろうとすると相手のピッチャーが変わり、中村監督に、

「お前は役者が違うんだから、必ず打てる」

と言われて打席に送られました。

結果は打てずに、試合は七対四で負けてしまいました。

そのときはとても悔しかったです。

もっと練習をすればよかったと思いました。今、僕の長男も野球をやっているので、この話は常々しています。

名電高校野球部の練習量を知っている方であれば、あれだけ練習をしてもそう思うのか？と言う方もいらっしゃるかもしれません。

ただ、練習は毎日のことなので、どこかで手を抜いてしまうことがありました。なかなか自

分で自分を追い込める高校生はいません。

しかし、必ず自分にもチャンスが来るときがあります。

それを逃さないように、日々の鍛錬が必要だと改めて思わされました。


日々の鍛錬から何を得ることができるか。

一つは、勝負の場面で冷静になるということです。「今だ！」と思うと緊張して、普段の力を出すことができません。そこをぐっと抑えて冷静にならなければいけないのです。

いつもの状態をキープするのは意外に難しいことです。

野手をしていると、自分の所に来るぞというときに気持ちを入れていたらもう遅いのです。常に自分の所に「来るぞ！」という気持ちで気合いを入れなければいけません。

それも日々の鍛練で培われることです。


そういう部分は社会に出ても役立っています。

私は今、父親が営んでいた塗装業から独立して同じ業界で働いています。

塗装業を始める前は、住友電工の社会人チームに所属していたのですが、高校で燃え尽きてしまったのか、野球に身が入らず三年ほどでやめてしまいました。

会社自体も五年間勤めてやめました。

もっと何か違うことができるのではないかと考え始めたのがきっかけです。

仕事をやめてからは、父の仕事を手伝うようになりました。そのころは景気が良くて高層ビルなどがどんどん建っていたので、大きな物件の仕事がよく舞い込んでいました。

僕はそのころ三五歳になっていて、名電高校の当時の仲間もマイホームを持つようになり、そこからの受注も増えたので、屋号も変えて独立をすることにしました。

塗装業というのは過酷な仕事です。冬は寒いですし、夏は暑さで大変です。

「夏はペンキが良く伸びるからいいでしょう」

とよく言われますが、実際は職人の体がもたないので作業が進まないのです。

きちんと休憩をとっても毎年熱中症で倒れる人が出るのが現状です。

まさに仕事は命がけです。

ただ、僕としては高校時代にあれだけつらい練習をしてきたので、夏の芝の上や真冬の寒い時期もその当時を思い出すと乗り越えることができました。

寮生活で学んだ、気配り、心配りが仕事でも役立っている

寮生活でみっちり学んだ上下関係は、仕事をする上での強みになっています。

例えば、どの現場に行ってもお客さんにきっちり対応できます。

人を見て察知して、気配り、心配りが自然とできるのです。

僕はそういう厳しさの中にいたため、同じ職人さんに対して差をすごく感じることがあります。

もう少し頑張ってほしいと思う人も中にはいますが、それは僕の監督能力のせいなのかもしれません。

経営者が求めるものと現場の実際のレベルとは、どうしても差が生まれてしまうものだと思います。

その差をどうやって埋めるべきか……。僕はそんなに人を使うのがうまいほうではないので難しいところがあります。ただ、そんなときは中村監督から教わった様々なことを思い出します。

例えば監督は、

「牛は水際まで引っ張っていけるが、その水を飲むかどうかはその牛の意志だ」

と、よくおっしゃっていました。

つまり、どれだけ練習方法を教えてもやる気にならなければダメだということです。

小中高、社会人と野球をやってきて、いろいろな指導者と出会いましたが、中村監督は、褒めもしなければ怒りもしない人でした。

じっと僕たちを見ていて、人として大切なことを、僕たちにわかりやすくアドバイスをするという感じでした。

練習方法の発想が画期的で、いろいろと試していたことはよく覚えています。スコップやハンマーを振ったこともありました。


僕の人生の中で一つ心残りなのは、大学に行かなかったことです。

当時は勉強をするのが嫌だったし、またゼロから一年生という立場で厳しい上下関係の環境に行くことにも躊躇してしまいました。

亡くなられたドラゴンズの河村保彦さんとも親交があったのですが、

「どうして名電でキャプテンを務めたというラベルがあるのに進学しないのか？」

と、言われたこともありました。

いまさらですが、大人の言うことというのは聞いておくべきだったかなと、感じています。

最近は、第一印象についての勉強をしています。

新規のお客さんを獲得できるかは、第一印象で80％が決まってしまうということだからです。

アポイントメントの電話を掛けて、（野球が好きかな？　ゴルフが好きかな？）と探ってみて、お会いするときにその話を振ってみたりしています。

それはやはり高校で培った察知する能力のおかげだと思います。


社会人野球をやめた理由は、「高校時代で野球は終わりだ」という気持ちがあったからというのも事実です。

草野球に毛が生えた程度の練習しかできませんでしたし、物足りなさをどうしても払拭できませんでした。

社会人になると、コンパや遊びを覚えてしまいました。寮生活の反動というのでしょうか。外の世界が魅力的に見えました。

高校三年間のつらさの反動で、皆一度は羽目を外してしまうこともあったと思います。そのことで苦労したこともあるでしょう。

しかし、社会でどんなにつらい目にあっても乗り越えられます。僕たちは厳しい上下関係から強さと、勝負しなければいけないときのガッツの出し方を身につけることができましたから。

第7章

杉山智啓

監督の教育には「理不尽さ」がなかった

杉山《すぎやま》智啓《ともひろ》

一九六六年生まれ。愛工大名電高校卒業後は中京大学に進学し、富士重工に入社。同社の野球部に入部する。

現役引退後は名古屋スバルに出向。営業所の店長、総務、経理、ロードマンなどを経て、四一歳で岡山スバル自動車株式会社の代表取締役社長に就任。

現在は兵庫スバル自動車株式会社代表取締役を務める。

工藤公康さんに憧れ、名電野球部に入る

僕たちが中学三年生の夏、甲子園で工藤公康さんが活躍していました。

彼のプレーに憧れを持った少年たちが「愛工大名電で野球をしたい」と思うのは必然で、僕もその一人として甲子園を目指したいと思い野球部入部を希望しました。

その年は、野球部への入部希望者が教室に入りきらないいくらい集まるという異例の多さでした。

「入部してもそう簡単にはレギュラーにはなれんぞ」

と、他の部活の顧問や監督が説得に来て、一人、二人と教室を去っていきました。そして残った希望者が野球部に入部したのです。

寮生活が始まると、嬉しい、楽しいだけでは済まされないことが多々あることがわかりましたが、僕はそこで育てられ、人間形成されたのだと思います。

つい先日まで中学生だった少年が何もできないまま寮に入り、炊事や掃除などをする日々の暮らしのなかで先輩たちの厳しさに接し、一人のわがままなど一切通用しない世界で、一日一日をどう乗り切っていくかを真剣に考えなければいけませんでした。

高校三年間を通じて学ぶことが多々ありました。例えば、礼儀作法や先輩への気の遣い方、言葉遣いなどです。

現在、僕は兵庫スバルの社長をしており、社員には僕よりも年上の方が大勢います。どんなポジションに身を置いていても相手に敬意を払う、尊重するという僕の姿勢は高校時代に培われたものです。

社長業というのは、相手の話によく耳を傾けることが重要です。もしも高校時代にそこを学んでいなかったら、もっと違った考え方を持っていたかもしれません。

野球部の同期の中で特に印象に残っているのは横井です。

彼は打つことにも走ることにも優秀で、当たればどこまでも球が飛んでいき、これは勝てないと思いました。

キャプテンだった加藤や、中村基昭なども非常に優れた選手でしたが、僕らの年は他学年と比べると、図抜けた「スター選手」と呼ばれるような選手がいませんでした。

それでも甲子園のベスト8まで進出できたというのは、厳しい練習と寮生活で培われた強い結束力があったからだと思います。

大学、社会人と野球を続け、自動車セールスの世界へ

高校を卒業後は中京大学に進学し四年間野球部に在籍していました。その後、富士重工の野球部で三年間社会人野球をしてから現役引退をしました。

富士重工はスバル車を作っているメーカーだということもあり、引退後は五年間名古屋スバルにセールスマンとして出向しました。

はじめのころの営業活動は、担当エリアの顧客訪問や、土日の展示会の応対といったものでした。

当時の営業というと、名刺を一〇〇枚渡され、「これがなくなるまで戻って来るな！」と言われるようなスパルタ的なものを想像しがちですが、実際は、飛び込み営業というのはあまりしませんでした。

度胸試しという意味合いで何件かは訪問しましたが、門前払いされてしまって効率が悪いのでその風習はなくなりました。

運がよかったことに、当時は経済が右肩上がりの成長期にあり、自動車自体が売れている時代だったので成績はそれなりに残すことができ、会社員としては満足できるものでした。

しかし、一つだけ難点だったのが、「野球ができない」ということでした。

社会人野球をしているころは、仕事として昼から野球の練習をしたり、都市対抗野球の予選前には合宿があったりと、その厳しさにヘトヘトになっていました。

そして現役引退した直後は体の限界を感じて燃え尽きていました。

そのとき生まれて初めて「もう野球をやりたくない」と思いました。しかし、それでも一年ほどたつと、また野球がやりたいという気持ちが芽生えてきたのです。

このまま会社員として働いたらもう野球ができないのかと思うと、仕事を続けることに対する抵抗がありました。

実は、僕の心の中には「いつか高校野球の監督になりたい」という気持ちが常にありました。それで、いつ何があってもいいように、履歴書を持ち歩いていたほどです。

しかし、その気持を振り切り、僕は腹をくくって富士重工で会社員を続けることに決めました。

その後は全国各地を転々とし、さまざまな業務に携わりました。

例えば、東京本社に戻って営業企画に配属され、国内のディーラーの体制にまつわることや予算の仕事を行ったり、熊本赴任時には営業所の店長も務めたりしました。

総務や経理など営業以外の部署も経験した後に、東北地区と東海地区担当のロードマンという職種を五年間務めて、四一歳のときに岡山スバルの社長となり、その三年後にはそれまでの約三倍の規模を持つ兵庫スバルの社長に就任しました。

社長業で役立つ中村監督の教え

さまざまな規模のマーケットを担当するなかで、会社の規模が大きくなるにつれて自分の声が届きにくくなることを痛感し、仕組みづくりの大切さを学びました。

ヒト、モノ、カネ、すべてのリソースに目を配らないといけない社長業を務めていて思うことは、中村監督の教えが僕の人生の中のここそこに影響しているということです。

特に人を教育するという面での影響が大きいです。

高校時代、監督に言われてつけていた練習日誌があります。どのような練習を行ったかを書くことで、振り返りやすくなります。

調子が悪かったときにどんな練習をしていたのか調べると、同じことばかりを繰り返していたのだと気づくことができました。

このことによって、どのように改善したらいいか考える習慣を身につけることができました。

成功体験も記録しておけば、その状態にどんどん近づけていくにはどのようにしたらいいかということも分析できます。

野球も営業も、確率の世界です。

車が売れたらどのように売れたのか、プロセスを記録すれば、その後の契約の可能性が高くなります。

一方で、車が売れないときは、他のメーカーがどのようになっているかを記録します。

日誌は社会人になってからも自発的に書いていましたし、今でも手帳やノートに記録することを続けています。

また、僕の会社にも職場における人間関係などで問題が起きることもありますが、その原因の一つは、尊敬と信頼の関係がきちんと構築されていないことにあるのではないかと考えています。

例えば、上司が部下に注意をするとしたら、そのときそこに信頼関係があるかどうかが大切です。

以前、ある現場のチーフから「部下がなかなか言うことを聞いてくれない」という相談を受けたことがあります。

僕はそのとき、リーダーとして手本になるべく自分から行動し、それが結果にどう現れるかをきちんと示すようアドバイスしました。

それは中村監督がおっしゃっていた、山本五十六の名言「やってみせて…」という言葉がベースにあります。人を動かしたいならまずは自分が動くことです。

僕たちが高校生のころは、何しろ時代が時代ですから、体罰がまったくなかったかというとそうでもありません。しかし、それが大きなトラブルや後々まで恨みを残すことにつながることはほとんどありませんでした。

「それはなぜだろう？　現代と何が違うのだろう？」と思うのですが、やはり監督の教育に理不尽さがなかったことが大きいと思います。

僕たちは厳しい寮生活にもグッと耐えてきました。そこで耐えられたということが今の僕の財産になっていますし、上下関係ということにおける基盤になっています。

監督の姿勢には、当たり前のことを当たり前に行うというシンプルさがいつもありました。そして故事成語やことわざなどの難しい言葉も、噛み砕いて僕たちにわかりやすく伝えてくれました。

僕も社員の前で話をするときには、なるべくわかりやすい言葉を選ぶように心がけています。相手に向き合う姿勢が信頼関係を築くために大切だと思います。

今の若い人たちを見ていると、少し我慢が足りないように感じられます。何かあるとすぐに辞めてしまうという傾向があります。

僕としては、「もう少し続けてみればわかることもあるのに……」と思うのですが、相手も一人前の大人ですし、辞表を出す前によく考えて出した結論だと思っているので、その気持は尊重します。

たとえそこで引き留めたとしても、結局は続かないことがほとんどです。

職場には、「みんなで一緒にやっていこう」という気持ちのある人に集まってほしいと考えています。

人は見られていないと思っても、意外と見られているものです。

僕は高校時代、中村監督に特に口うるさく何かを言われることはありませんでした。

むしろ、何かを言われた記憶がほとんどなく、周りの選手にばかり教えているのをじっと見ていました。

（どうして監督は僕には何も言ってくれないのだろう……）

若かった僕は嫌われているのではないかと思い、悶々としたこともありました。

しかしある日、これは僕にも言ってくれていることなのだと気がつきました。

おそらく僕の性格から、「直接何かを言うより間接的に見せたほうが自分なりに考えて習得していくのではないか」という、監督なりのお考えがあったのだと思います。

監督のように僕も、その人の適性を見てあげられるようになったり、自分の姿から何かを感じてもらえるようになればといつも思っています。

野球以外のことも伝えられる、高校野球の監督になる夢を持つ

実はまだ高校野球の監督になる夢を諦めていません。

周りには報徳学園の監督をやっている先輩や、少年野球の監督をやっている知り合いも多くいます。

名古屋に戻ってきて、顔見知りの方たちが監督をやっている姿を見ると、僕もいつかは、という思いがわいてきます。

社会人野球に進んだ僕ではありますが、中京大学に進学した一番の理由は、「高校で野球を教えたい」というものでした。

高校で野球を教えるためにはとにもかくにも教員免許が必要になりますから。

中学を出るときに野球部を目指すということは、プロへの夢を見るということです。

そして高校生活の三年間の中で、その壁がいかに高いのか、狭き門なのかということを痛感していきます。僕もその一人です。

そういった経験を経て、高校を卒業するときには高校野球の監督になりたいと思うようにな

っていました。

高校野球の監督というと、僕のイメージでは、バリバリの体育会系の熱血漢で、ともすれば少し「ウザい」くらいのものでした。

しかし、中村監督に会ってそのイメージが見事に覆されました。

監督の第一印象は、「優しそうであったかそうな人」でした。絵を描くという文人の面も持っていて驚きました。

さらに、次々と繰り出される新発想の練習法に驚かされました。その総合的な人間性に憧れを感じていたのだと思います。

歳を重ねるごとに、当時の言葉や行動の意味に気づかされ、ますます監督のすごさというものを身に染みて感じています。

教育実習で母校へ行ったときは、家から通ってもよかったのですが、僕は高校生たちと一緒に寮で暮らしていました。

自分の高校生のころはこうだったなとか、練習を見ていて「監督はあのときこう考えていたのかもしれない」と気づかされることが多々ありました。

当時は驚いてばかりの、ユニークな練習方法も腑に落ちました。

例えば、ウレタンボールを投げたり、かまぼこの板でキャッチボールをしたりといったものです。

ウレタンボールは軽くてまっすぐ飛ばないので、正しい投げ方を身つけるための訓練になっていました。かまぼこの板もきちんと受けないと球をはじいてしまうので、きちんと捕球するための基礎を作ってくれていたのです。

監督業は野球以外のことも伝えられるところに魅力を感じています。中村監督はよく、

「人生のレギュラーになれ」

「やらされる一〇〇発よりやる気の一発」

「型にはめるのは愚の骨頂」

という言葉をおっしゃっていました。

監督の教え子の多くが、今もそういった数々の言葉に支えられているのではないでしょうか。

第8章　祖父江利光

監督から学んだ「耐えて、続けること」

祖父江《そぶえ》利光《としみつ》

一九七〇年生まれ。中学から野球を始め愛工大名電高校野球部に入部。練習中に病に倒れドクターストップがかかるも、中村監督の「最後まであきらめるな、粘り強くやれ」という言葉を胸に復帰を果たす。

卒業後はSEや営業職を経てエステティシャンに。

現在はエステティックと化粧品の卸販売を行う、株式会社シー・エム・エスの代表取締役を務める。

つらい寮生活に、もうやめようと思った

私は軟式の少年野球から始めて、中学では学校の野球部に入りました。

そこは一度も勝てないような弱小チームだったのですが、偶然、同区で全国制覇を達成した中学と対戦することになりました。

試合は勝てずに終了してしまうのですが、そのときの私はなぜか調子が良く、ヒットを打つなど活躍することができました。

そしてその試合後、相手の中学を見に来ていた複数のスカウトの方に声をかけられました。

その中に名電高校の方もいて、

「一度、愛工大名電高校のセレクション（試験）を受けてみないか」

と声をかけてくれたのです。

なかなかないチャンスだと思い、セレクションに行くことにしました。

中村監督は当時から名将として名を馳せていました。私は、監督にお会いして野球に対する情熱を感じ、「ここで野球がしたい」と思ったのです。

そして私は名電高校のセレクションを無事に通過し、野球部に入部できることになりました。しかし、入部を喜ぶことができたのはつかの間でした。同期の学生は全国大会に出場したり、硬式野球の経験者だったりと野球のエリートばかりです。

(場違いなところに来てしまった……)

後悔が胸をよぎりました。

さらに、寮では今まで親にしてもらっていた洗濯や炊事などを、自分たちで行わなければいけません。

自分の事だけでなく、先輩方の身の回りの用事もあります。

今思うとありえない話ですが、先輩の宿題をすることもありました。おかげでいい予習になったという面もあるのですが、寮の中では先輩の言うことは絶対でした。

洗濯も、今のような全自動式ではなく二層式の洗濯機を使っていました。

毎回一五〇箱ほどの洗濯物が集まります。遠征などがあれば二〇〇箱を超えることもありました。夜のうちに終わるはずもなく、いつも朝方までかかって洗濯をしていました。

料理も不味いと先輩方に叱られてしまいます。茶碗や箸が欠けていてもこっぴどく叱られました。

(野球がしたくて入部したのに、この状況は何だ……)

何をしているのか、何のために野球部に入ったのかわからなくなってしまった私は、一度、監督に「もうやめます」と言いました。

しかし監督は、「とりあえず続けろ」と言ってとり合ってくれませんでした。

突然の体調不良に見舞われる

そして修行のような日々を経て、三年生が退寮し、私たちの新チームの時代がやってきました。

そのときは中村監督が監督に就任されて一〇周年という記念の年だったので、全員が何が何でも甲子園に行きたいと意気込んでいました。

そのため、私たちの代はセレクションのときから少数精鋭で採用されたようです。ですので、入寮したのはいつもの年よりも少ない一五名でした。

しかし、なんだかんだで五名やめてしまい、二年生が全員で一〇名となり、一学年下の後輩からも何名か私たちのチームに入り活動していました。

そのような背景もあったので、人数が少ない分、私がレギュラーになれる可能性は高いと思っていました。

しかしその矢先、突然の体調不良に見舞われたのです。すぐによくなるだろうと思い練習を続けていたのですが、ご飯を食べられなくなり、水も飲めなくなって、最後に血を吐きました。

これはまずいということで、寮の近くの病院に行くと、

「命にかかわる危険な状態なので、今すぐに大きな病院へ行ってください」

と、救急車で違う病院に搬送され、集中治療室に入れられました。

集中治療室で一か月過ごし、心臓までカテーテルを通して検査をしましたが、病名はわからずじまいでした。医者の話によると、「不整脈があって、心臓に何かのばい菌が入った」ということでした。病名も原因もわからないので、「野球はもう断念しなさい」とドクターストップがかかりました。

当時、私たちと同じ世代には、中京高校から巨人に行った木村龍治氏や、享栄高校から愛知工業大学を経て中日に入った神野純一氏、東邦高校から中日に行った山田喜久夫氏など、強いライバルが大勢いました。

新チームになり、彼らとの対戦に胸を弾ませていたなかでのドクターストップに、私は目の

前が真っ暗になるような感覚に襲われ、ベッドの上で途方に暮れていました。

そんな私の姿を見て父と母は、

「お前の好きにしなさい」

と言ってくれました。

その言葉を聞いたときの私の心は一つでした。そして、「死んでもいいから野球をやらせてください」と言いました。

今思うと何と親不孝な言葉でしょうか。

それでも両親は私の望み通り野球を続けることを許してくれました。

退院後一か月間は普通の生活ができずに通学だけで精いっぱいだったので、実家で暮らしていました。

そして、ようやく寮に戻ったとき、私は唖然としてしまいました。

一番大切な時期に練習ができなかったために、チームメートとの間にとても埋まらないような力の差ができていたのです。

（戻ってはきたけれど、もう俺の居場所はないのかもしれない……）

不安を振り払うように、私はみんなが寝静まったころに走ったり、スイングの練習をしました。

そんなとき、チャンスが回ってきました。練習試合で享栄高校と当たったときに監督が私を代打で使ってくれたのです。

（ここで決めないといけない）

思い切りバットを振ると、ボールはぐんぐん飛距離を伸ばしホームランになりました。

それが私の復帰のきっかけになりました。

一生懸命コツコツやれば何とかなるのだと、そのときに確信しました。

監督は一年生のときに、「やめたい」と言った私を引き留めておくだけでなく、努力が報われるようにチャンスを与えてくれました。

監督はいつも、「最後まで諦めるな、粘り強くやれ」とエールを送り続けてくれていたのです。

強い思いがすべてを可能にする

監督の言葉で一番印象に残っているのは、「思強全可《しきょうぜんか》」というものです。

強い思いがすべてを可能にするという意味です。

あの土壇場でホームランを打てたことは偶然だったかもしれません。

しかし私には「命を懸けても野球をしたい」という強い思いがありました。

その気持ちがホームランを打たせ、チームに復帰をするという結果をもたらしたのではないかと思っています。


三年生の夏に、監督からレギュラーの背番号をもらいました。

ずっと控え的な存在でしたが、ついに試合に出られるようになりました。

しかし、ある試合で見逃し三振をしたときに、監督から「もう使わない」と言われてしまいます。

自分の弱さを反省しつつ、ここで終わりだと思ったのですが、その後も試合に勝利し、私たちは準決勝、決勝と勝ち進むことができました。そして決勝戦で打ち合いが続いて延長一〇回に入りました。

そこに私の打順が回ってきたのです。

バッターボックスに向かうとき、キャプテンの雲宝に声をかけられました。

「今までお前に起こったことを全部思い出して、何も考えずに行ってこい」

「……わかった」

不思議と気持ちは落ち着いていました。

（ここで打てば甲子園に行けるのなら、来た球を思い切り打つのみだ）

思い切り振ったバットは、今までの悔しさを跳ね返すように球の真ん中をとらえました。

そしてセンターオーバーのサヨナラヒットとなり、名電高校の甲子園出場が決まりました。

修行のような一年生のころ、野球ができないと言われた二年生、ようやく報われた三年生。振り返るとどの一年も濃すぎて、あの日々というのは何だったのだろうかと思うこともあります。

どの経験にも、いろいろな勉強をさせてもらいました。

大学進学はせず、プログラミングの世界へ

甲子園を経験して、私は、プロに行ける選手とそうでない選手がいるということを痛感しました。

そして自分がプロでは通用しないと悟り、大学へ進学することに決めました。

進路を決めるのも早く、希望校からほぼ内定だという通知を受けていたので安心していたの

ですが、卒業も間近になった二月に突然大学から不合格通知が届きました。

理由もはっきりしない、「一年待ってください」という内容に、

（人の人生を弄ぶな！）

という強い憤りを感じました。

そこから進学も就職もできるはずがありません。

その大学からは「とりあえず一般受験をしてください」と言われるのですが、今まで野球しかしてこなかった私がほかの受験生たちと競えるはずもなく……。

「何で俺、大学に入れないんだ？　野球がしたいのに……」

やり場のない思いを両親にぶつける日々でした。すると父は、

「それはしょうがない、お前の人生だ。これからどうしていきたい？」

と私に問いかけました。

正直、大学に進学するものだと思っていたので、将来について深く考えたことがなかったのです。

そこでぱっと浮かんだのは、ブームになりかけていたコンピューターのことでした。

Windowsなどの OS も、インターネットもまだまともにない時代でしたが、「これからはプログラムだ」という父の言葉をふと思い出したのです。

（この際野球は一切やめて新しいことに挑戦してみよう……）

私は大学進学をやめ、プログラミングを学べる専門学校に行くことにしました。そして卒業後は東京にある会社にプログラマーとして就職をしました。

しかし、そこで私は、一生懸命やるだけではだめなのだということを痛感しました。

自分の努力が通用しないこともあるという社会の洗礼を受けた私は、名古屋に戻ることにしました。

名古屋に戻り、ゴルフ会員権販売業へ

（こんなんじゃ夢も希望も持てない……）

と、肩を落として名古屋に戻ってきた私に、地元の先輩がゴルフの会員権を売る仕事に誘ってくれました。

とはいえ、私は販売の経験もありませんし、ゴルフをまともにプレーした経験もありませんでした。

「何をすればいいんですか？」

戸惑う私に先輩は、

「家賃と食費と打ちっぱなしに行くお金は約束するから、三か月間、ゴルフの打ちっぱなしの練習場に朝の一〇時から午後五時まで通いなさい」

と言います。視察プレー同行のためゴルフを練習する必要があったのです。


練習場に行くと、比較的生活に余裕のありそうな紳士たちが集まっていました。私のような若い人が毎日来ているのが珍しかったのでしょう。

「君はプロにでもなるつもりなのか？」

と、声をかけてくれました。

「いえ、違います。ゴルフ関連の会社に入ったので、ゴルフの練習をしています」

と、練習場に来ている人たちと交流をしたりしながら、打ちっぱなしを三か月間続け、四か月目からは視察プレーでコースに出るようになりました。

すると、徐々に会員権も売れ始め、次第に営業としての自信も感じられるようになりました。

当時は景気が良かったこともあり、通っていた練習場で仲良くなった方が私から会員権を買ってくれることもありました。

人のつながりで商売をさせてもらっているのだと実感しました。だからこそ、お客さんの頼みには全力で応えるように心がけました。

お客さんは全員私より年上、目上の方たちです。目上の方とどのようにつき合うべきかは、野球部時代の先輩たちとの日々を通じて自然に身についていました。

そして、エステ業界へ飛び込む

仕事は順調にいっていましたが、このまま続けるべきか迷うこともありました。そんなある日私は、訪問した営業先のエステティックサロンで衝撃的な体験をするのです。そしてその体験が私の人生を大きく変えることになりました。

当時の私はひどいニキビ面で、母親の化粧品を使ったり、皮膚科で診てもらったりしていたのですが、何をしてもお手上げ状態でした。

私の顔を見たエステティックサロンの女性オーナーが、

「治してあげるからうちのサロンにいらっしゃい」

と言うのです。

そのころのエステといえば、一度行けば三〇万円、四〇万円が飛んでいくような時代でした。

（客に営業されたな……）

と、思いながら私は半信半疑で施術を受けました。

すると、あんなに頑固だったニキビが治り、肌がきれいになったのです。

自分の肌で効果を実感し、感動した私は、エステティシャンになりたいと思うようになりました。もう二〇年以上前のことです。当時男性のエステティシャンというのは日本にいるのかというくらい稀な存在でした。

先輩や親からは、

「お前、頭おかしいんじゃないか？」

「それは風俗なのか？」

「お店のオーナーになるのか？」

と、頭の上に大きな「？」が見えるような反応が返ってきました。

「違います。自分の手で人をキレイにする仕事がしたいんです！」

周囲を納得させるにはとにかくやるしかないんだと思い、エステの業界に飛び込みました。

はじめはクレンジングも洗顔もわからないような状態だったので、先輩の女性スタッフにはいつも煙たがられていました。

野球部のときにも先輩に相当厳しくされてきましたが、男性の指導の仕方と、女性の指導の仕方はこんなにも違うものかと、男女の世界の違いを感じました。

入社して二年目には、知識をつけるために大阪のエステの学校で勉強をさせてもらいました。

しかしそこでも、男性のエステティシャンがいないので女性たちから、「何で男がこの学校にいるの？」という目で見られていました。

それだけならまだしも、誰もペアになってくれないという問題がありました。

「ひげが痛いから触れたくないです」

と言われてしまったので、私は血が出てかさぶたができてしまうくらい、ひげを深く剃っていました。

そして次は、男性ではボディの施術ができないという壁にぶつかってしまいます。

悩んだ末に私はフェイシャルエステを中心に行うことを決めました。

勤めていたお店が、ニキビ、しみ、しわに強かったので、いろいろなドクターに話を伺い勉強させてもらいました。

知識と実技がだんだんと身についてくると、私もお客さんをキレイにできるという自信がついてきました。

キレイになって喜んでいるお客さんを見ると、自然と私にも喜びがわいてきました。

この仕事を極めてみたいと思いました。

福井のお店で大奮闘

エステ業界に飛び込んで七年目に転機がやってきました。フランチャイズで新しく加盟した店舗の経営がうまくいかなかったため、福井のそのお店に経営の立て直しに行くことになったのです。足を運んでみて私は、単純に売り上げを上げるだけでは立て直しではないと思い、勤めていたお店をやめて福井に腰を据えることを決めました。

福井ではまず、お客さんが全然集まらないという壁にぶつかりました。

私には土地勘もありませんし、名古屋や東京と比べると人口の差があるので、どのように集客するべきか困ってしまいました。

とりあえず動かなければと思った私は、朝五時からビラを刷って駅前でビラ配りを始めました。

しかし、駅にもまったく人がいません。

出勤ラッシュになるであろう七時、八時になっても人が来る気配がないので、おかしいぞと

思って駅員に声をかけてみました。すると、

「福井県は地域密着型で、車社会。電車に乗るのはほとんど学生か、観光客ですよ」

と言います。

車社会は理解しましたが、地域密着型というのはどういうことだろうと思いました。

とにかく駅には人が来ないことがわかったので、次はショッピングセンターでビラ配りを行うことにしました。

しかし、毎日配っていたら、あるとき警備員に「人の敷地で勝手にビラを配るな」と注意されてしまいます。

ショッピングセンターもアウト。思うように集客できない時期が半年ほど続きました。


(このままだと福井にはいられないぞ……)

現状打破する解決策が見つからないままテレビを見ていると、

「ゲームに勝つと、一五秒間テレビのCM枠がもらえます!」

という企画への参加者募集の告知が流れてきました。ピンときて、すぐに問い合わせの電話をかけました。

すると、「ぜひ来てください」と言われ、ゲームに勝利し、とんとん拍子で一五秒のアピー

ルタイムを獲得することができました。

そしてＣＭが放送されたその日の夕方から、店への問い合わせの電話が鳴りやまなくなったのです。

一〇年前は、エステに行くと高額な商品やチケットを売りつけられるなどの、よくないイメージが蔓延していました。

そこへローカルのテレビ局でＣＭが流れてきたので、この店なら大丈夫だろうと安心したのでしょう。（興味はあるけどなかなか行けない……）という顧客の心の境界線がパッととれた瞬間を感じました。

そして来てくれたお客さんにはとにかく心を込めて施術し、ひたすら結果を出し続けました。すると、口コミでさらにお客さんがやってきたのです。例えば、娘を連れて来たり、お母さんを連れて来たりという具合です。

人口の多い地域でも口コミや紹介でどんどん新規の顧客がとれますが、紹介されるのはほとんどがお友達です。

しかし福井ではお客さんの家族や親族が紹介されてやって来たのです。

データを見ながら、これが地域密着型というスタイルなのかなと、何か掴めたような気がしました。

ですのでスタッフには、

「新規客を獲得しようと焦るな、とにかく固定客を大事にしよう」

と言い続けました。

新規の顧客に向けて広告を打つなどの経費や労力をかけるより、固定客に姉妹親戚を紹介してもらうほうが効率的だと考えたのです。

次第に店の評判はうなぎのぼりで良くなり、予約がとれないほど繁盛するようになりました。

そして、十分に立て直しができたと思ったころ再び転機がやってきました。独立することになったのです。

どこに出店するか迷っていたとき、私の退職を知ったお客さんが、

「福井で店を出してくれませんか？」

と言ってくれました。

同じ店でスタッフとして働いていた嫁とも相談し、「福井でやってみよう」ということになりました。

車を売ったお金を元手に独立開業する

開業資金は、乗っていた自家用車を売却した三五〇万円でした。

はじめに借りた物件は、安さだけが売りのボロボロの事務所のようなお店でした。

内装の見積もりを出すと一〇〇〇万円以上かかるといいます。

しかし私の手元にあるのは三五〇万円です。

困っていると、お客さんの紹介で協力してくれる人が現れて、ほぼ手作りにはなりましたが、なんとか形にすることができました。

私の店では、購入してもらった化粧品を持ってきてもらい、それを使って施術するという仕組みになっています。

すると、前のお店からのお客さんは、そのときに購入した化粧品を持ってきます。店に来てくれたお客さんに「こちらの商品に変えてください」と言えなかった私は、化粧品を売ることができませんでした。

そのような状況だったので、開店してからしばらくは、お客さんがいるのに売り上げにつながらないというような事態になっていました。

独立してほどなくして、子どもが生まれました。

生活の苦しかった私たちは住むところも追われ、義父の家に居候をさせてもらうことになりました。

日銭で数百円しか稼げないという状況で、おむつも何も買えないという生活でした。

このままではいけないと思い、私は店を閉めてから、夜中の一時から朝五時までコンビニでアルバイトをしていました。

そのうちに化粧品も売れ始め、上向く兆しはあったのですが、厳しい生活は続きました。

お金がないので子どもを保育園に入れることもできず、義母も亡くなっており頼れる親戚もいなかったので、仕方なく、生後三か月の子どもをおぶって施術を行いました。

せっかくエステという非日常の空間に来てくれているお客さんに申し訳ないという気持ちがありました。

しかし、そんな私たちを見てお客さんが、

「こういう姿、懐かしいよね」

と、順番を待っている間にかわるがわる子どもを見てくれたのです。

ようやくおんぶ紐もとれ、思い切り仕事ができるようになったときに、お客さんから言われた言葉は今でも忘れられません。

「子どもを背負って働くのは大変で、情けないと思ったかもしれないけど、私たち客からしてみたら、一生懸命やっている姿を見て、またこの店に来たいという気持ちになったのよ」

知人もおらず風習も知らない地方で暮らすときに、よその土地から来た人がそこに溶け込むことは容易なことではありません。しかも私は、大阪から来た男性のエステティシャンです。お客さんからしてみれば怪しさ満点だったことでしょう。

そのような中でも、儲けよりもお客さんをキレイにしたいのだとなりふり構わず、泥臭く続けることで次第に警戒心がほどけていくことを感じました。

経営面、生活面、体力面などで厳しいときもありましたが、続けることで固定客も増え、スタッフも雇えるようになりました。

ただし、そこからすべてが順風満帆というわけではありませんでした。

私の知らない間に店舗の家主が物件を売りに出していたり、それまで取引していた化粧品メーカーとのすれ違いに悩んだり、新しく店舗を出すために土地を購入して借金を背負ったりしました。

借金返済や生きていくことに必死になりすぎて、この世が地獄に見えたこともありました。

幸いどの問題も今は解決していますし、周りがいい人ばかりなら私はここまで努力できただろうかと思うときもあります。ピンチはチャンスでもありました。

高校時代の、ドクターストップを受けてからのサヨナラホームラン、当時は珍しかった男性のエステティシャンを目指したこと、福井での生活の始まりは経営の立て直しから……。

こうして振り返ってみると、私は何を行うにもマイナスからのスタートばかりでした。ゼロを一にするのと、マイナスから一にするのでは使うエネルギーやパワーが違います。なぜこんなにも苦しいのに続けるのだろうと考えたときに思うことは、やはりエステの仕事が好きだということなのです。

野球を終えてその次に熱中できたもの。それがこの仕事なのです。

私は自分のニキビ面がキレイになったことに感動し、その感動をお客さんにも感じてもらいたい一心でこの仕事を始めました。嘘がない、実体験をお客さんに伝えるために、私は「エステに来るからキレイになるのではなく、日々の正しいケアが大切なのだ」とお客さんに伝えています。

例えば、エステに月に二回通ったとします。ひと月三〇日だとすると、自分でお肌のお手入れをするのは二八日になります。月に二回のお手入れと二八日のお手入れ、後者を正しく行わなければエステも焼け石に水のようなものでしょう。

正しくお手入れをしてもらう、そのうえで施術を受ける。お客さんとの互いの努力によって低価格ながら結果を出すことができるのです。

そして、良いメーカーと出会えたことがきっかけとなり、五年ほど前から自分たちで化粧品の製造を始めました。

長年お肌にトラブルを抱えたお客さんの肌を見てきたので、どのような成分が有効かということは頭に入っていたので、化粧品工場で、「こういう化粧品を作りたい」と交渉をしながら開発を行いました。

その工場の方からは、「昭和時代のようなことをする人だな、今はそんな熱意がある人は珍しい」と感心されました。

そして、幾度かの試作を重ねて現在の商品が誕生したのです。

現在は、化粧品メーカー、店舗経営、エステティシャンという三つの柱で仕事をさせてもらっていますが、どの仕事も「人が喜ぶこと」を大切にしています。

父や中村監督の教えを支えに人生を生き抜く

経営にあたっては、業界は違えど経営者である父の教えを守るようにしています。

父は常々、「一〇〇万円の売り上げを作りたかったら、一万円×一〇〇人の商売をしなさい」と言っていました。

そうすれば、お客さんが一〇人減っても手元には九〇万円の売り上げが残ります。

しかし、一〇人のお客さんに一〇万円の仕事をしていたら、一〇人減ったら売り上げはゼロです。父もまた、コツコツ続けることの大切さを教えてくれました。

儲けることよりも、お客さんに喜んでもらえるような結果を出し続けた結果、私の店には開業以来の常連のお客さんをはじめ、多くのリピーターが来てくれるようになりました。今では福井まで東京や大阪から来てくださるお客さんもいます。

また、店の成長に欠かせないスタッフの教育には中村監督の教えを随所に取り入れています。

私が野球部出身ということもあり、体育会系の店なので、スタッフも朝早くから朝練をしたり、自分で課題のある人は閉店後に練習をしたりしています。

中村監督は私たちに、

「最後に頼れるのは自分だけ。自分を頼れる努力をしなさい」

と言っていました。みんなが寝ている間にバットを振るのと同じで、人よりも努力する人はきちんと伸びていきます。

スタッフの成長を見ていると、努力をすることの大切さは、野球もエステも、男性も女性も同じだなと思います。

また、中村監督から学んだ、「守破離」という考えも大切にしています。

「守」というのはルールを守ることです。基本的なことを守れなければ次のステップに進むことはできません。ここは耐えるということに通じると思います。

そして次は「破」。次の段階へ進むためには、自分の殻を破らなければいけません。やれるかやれないかではなく、やるかやらないか腹をくくらなければならないときが来るのです。

そして自分の殻を破ることができたら「離れる」ことができます。それは、独立・自立が可能になるということです。

今でこそ事業も軌道に乗り、ある程度の売り上げを出せるようになりましたが、私は自分に先見の明があったと思ってはいません。また、これからもどれだけ成長できるか挑戦を続けなければなりません。

私は何度も大きな壁にぶつかってきました。そしてこれからも困難がないとは言い切れません。

そのときに大切なことは、逃げずに我慢して耐えることだと思います。苦しいときはどうしても楽なほうへ行きたくなります。しかし、いつも楽なほうばかりを選ぶと軸がブレてしまいます。苦は楽の種、楽は苦の種になるのです。

どんなに苦しいときでも耐え、とにかく続けていればチャンスは必ず巡ってきます。

そのことを教えてくれた中村監督、野球の仲間、仕事の仲間、お客さんにはただ感謝するばかりです。

第9章 大村圭二

「人生の甲子園」はまだはるか遠くにある

大村圭二《おおむらけいじ》

一九六五年生まれ。名古屋電気高校卒業後は愛知学院に進学。準硬式野球部に所属し四年生のときにベストナインに輝く。

二九歳で税理士の資格を取得。約三年間、税理士事務所での経験を経て独立を果たす。

大学卒業後に始めた合気道を二〇年以上続け、五段位を取得。子どもたちへの指導なども行っている。

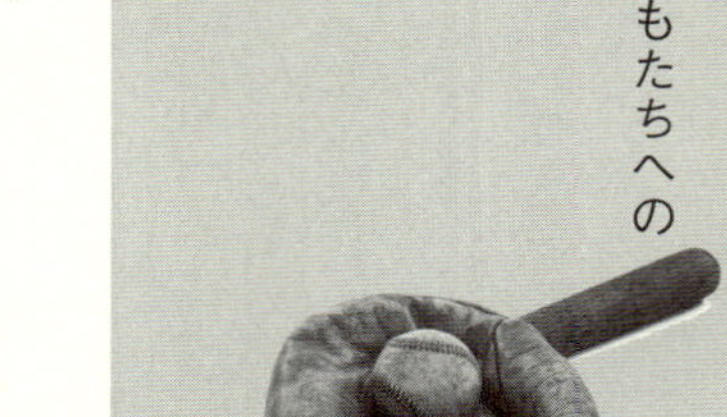

母の勧めで税理士へ

私は高校を卒業してから、愛知学院に進学し、資格をとって税理士になりました。

この仕事を始めて改めて感じることがあります。

それは、高校野球のネットワークはすごいということです。

税理士の業界は専門職だということもあり、安定しているようなイメージを持たれていますが、実際は競争が激しい業界です。

不況による企業の倒産や、コンピューター会計・インターネット納税などのＩＴ技術が進んだことによる省人化の影響をもろに受けています。

さらに、受験勉強のときはまわりがすべてライバルなので、受験生同士の横のつながりもほとんどなく、閉鎖的だという特徴があります。

ですので、いざ社会に出ても、人脈がないという最初の課題にぶつかります。

開業をしたとしても、五、六年は食うこともままならないという状況ですし、この税理士の制度自体あと何年続くのか……という風潮もあるため、若い開業者が非常に少なくなりました。

私の事務所の現在の顧問先は約一〇〇件ほどありますが、このご縁には、高校野球をやっていたということが大きく関係しています。

「名電高校で野球をしていた」と言うと、「おお、そうか」と話がどんどん広がっていくのです。

名電高校の枠を越えて、同じく野球をしていた方はもちろん、他の部活をしていた方でも、体育会系の厳しさや、つらさ、喜びなど、青春時代の思い出を共有することができて自然と連帯感が生まれるのです。

それはやはり、部活をやっていた人だけにわかる感覚というものがあるのかもしれません。

少し話を戻します。

高校時代は日々の練習と寮生活でくたくたで、授業中はほとんど寝てばかりいました。

そんな中でなぜ税理士という職業を選んだのか。

きっかけは母の「税理士でもやってみれば？」という一言でした。

実家が商売をしていることもあり、出入りしていた税理士がいました。

母がその彼を捕まえて、「こんな人でもやっているんだから、お前にもできる」と言うのです。こんな人、なんて言われて税理士の先生も私も苦笑いでしたが、確かに彼らの仕事を見ていると、経営が良くなっていくことを肌で感じていたりもして、

（税理士って、多分いいぞ……）

と、直感的に思いました。

野球はどんなに上手でも、いつかはやめなければいけない、という気持ちがいつも心の片隅にありました。ですからずっと、

「自分は何をしたいんだ。何をしたらいいんだ」

と問いかけを行っていました。

そこで母の言葉を聞き、大学に進学して、税理士の道に進むことを決意したのです。

大学野球部と勉強を両立させ、日商簿記一級に合格

そして大学に入学してからは、準硬式の野球部に所属していました。

そこでは高校時代の反省を生かし、野球も勉強もしっかりやろうと決めていました。

後から聞いた話ですが、プロで活躍していた同期の高橋雅裕も、あのイチロー君も眠らずにきちんと授業を受けていたそうです。そういう子がやっぱり活躍するということです。

会計の「か」の字も知らない当時の私は、大学で初めて授業を受けたとき、即座に、

（これはヤバい！　相当に頑張らないとついていけないぞ）

と思いました。

ですから、次の授業からは一番前の席、先生の目の前に陣取って、わからないことは先生をつかまえて質問しました。まさに食らいつくように授業を受けました。

そうやって勉強をしているうちに、結果として、大学四年生で日商簿記一級を取得することができました。

日商簿記一級というと、当時、一二〇〇人が受験して六〇人ほどしか合格できないという、かなり難易度の高いものでした。

しかも、受験の日は春のリーグ戦の最終戦が終わった次の日曜日。体はへとへとの状態で、朝も早いので、何とか目を覚まそうと一つ手前の駅で降りて歩いて行きました。

そんなコンディションで臨んだ試験で不思議なことが起きたのです。今回は無理かもしれないな……と半ばあきらめながら、試験問題をめくった瞬間、

（これ、わかる……）

と、一発ですらすらと解けたのです。

練習問題をあんなに一生懸命やってもなかなか解くことができなかったのに。これはいけると、確信に近い自信がありました。

部活と勉強の両立は確かに大変でしたが、最後に東海リーグのベストナインと資格を取得するという結果を残すことができました。

そして、私はその忙しい日々の中に、自分の時間を自由に使える楽しさを感じていました。自分の時間を自由に使えるなんて、当たり前のことじゃないかと思うかもしれませんが、名電の野球部時代はそれが当たり前のことではなかったのです。

決して先輩たちのことを悪く言うわけではありませんが、一年生はとにかく先輩のお世話が最優先。自分の時間なんてものはありませんでした。

高校時代から、人生のさらなる高みを目指したかった

寮での生活は、当時は、四人一部屋の相部屋でした。

必ず三年生、二年生、一年生、それぞれの学年が一緒になるように配置をされていました。そして一年生は必ず先輩方の身の回りのことを行わないといけないという伝統というか、暗黙のルールがありました。

例えば、朝、起床とともに眠い目をこすりながら、まず掃除をします。そして先輩を指定された時間に起こし、先輩の布団をたたんで歯ブラシに歯磨き粉をつけて渡す……そして夜には

大量の洗濯物を洗っていました。

当然、日中は授業と部活があるわけで、とてもではないけれど自分の時間を持つなんてことは無理でした。


また、私たちの一年上の先輩方がすごく強く、夏の甲子園で四強まで進み、秋の国体にも出場したので、彼らが引退するまでの期間が長かったのです。

そういうことも相まって、自分たちが楽しく野球をやれた期間というのはとても短いものでした。野球をやりに行っているのに先輩のお手伝いをしている時間のほうが長いという矛盾を当時は抱えていました。

といっても、とにかくがむしゃらだったので、自分がそういう風に感じていたのかと自覚できたのはずいぶん後からでしたが。


工藤公康さんたちがいるチームは最強でしたし、私たちの後に入ってきた一年生には有望な選手が多くいました。ですから練習中は少しのミスも許されない厳しい緊張感が常にあったことを覚えています。

三年間の結果としては、先輩たちが夏の甲子園四強まで勝ち進んだのに対して、私たちは愛知県大会の四強までしか進めませんでした。

私の中には、それは「不完全燃焼」として刻み込まれています。

中村監督は常々、

「人生のレギュラーを目指せ」

とおっしゃっていましたが、私はそういった「不完全燃焼」の思いがあったためか、

「人生の甲子園を目指したい」

と思ったのです。

もっと違うところに行きたい。もっと違うものが見たい。さらなる高みを目指したい……と。

私は兄の影響もあって、小学五年生のころから野球を始めました。

中学のころ私はエースで四番を務めていましたが、名電に入ると同級生は皆、それぞれの中学でエースまたはキャッチャーで四番という野球小僧ばかりでした。

（勉強は後からでもできる。高校野球は今しかやれない。とにかく頑張ろう）当時のモチベーションとしてはそのような感じでしたが、日々の練習や監督の姿を見て、物事に対して取り組む姿勢を学ぶなど影響を受ける部分が多々ありました。

特に、部員たちの中でよく話していたのは、監督は人生のすべてを、野球部のために捧げているということです。

休日に子どもをどこかに連れて行くこともなく、奥さんもずっと炊事場に入っています。監督には「家」がないよな、と多感な高校生の時期に思ったのです。

あることを成そうと思ったら、どのくらい自分がエネルギーを突っ込んで、どのくらい真摯な姿勢で向かうべきかということを身をもって学びました。

（人生の中でさらに上を目指したい！）

しかし、経験のない私は、税理士という業界でどれぐらい頑張ったらいいのかわかりませんでした。そこで、就職活動をしていた時期に、ある公認会計士の先生にその疑問を相談してみたのです。

すると先生は、世の中が過当競争になっている時代でも、

「平均点以上を持っていれば大丈夫だ」

ということをおっしゃいました。

では、平均点以上を持つためには？　よく考えて見えてきたものは、中村監督の姿、物事に取り組む姿勢でした。

愛知県では当時、私学四強の時代でした。つまり、苦戦するチームがほぼ決まっているのです。

ほかは勝って当たり前でなければいけない。では、そこまで行くにはどのくらい野球に身を捧げなければいけないのか。休みもなく朝から夜まで野球のことを考えます。

その経験があったからこそ、そのときのように勉強にも仕事にも取り組めば、できないことはないと思いました。

税理士の国家試験は、真夏に行われます。

今は試験会場に冷房が入っているようですが、私が受験した当時は冷房のない教室の汗臭い中で行われていました。

そのため、私はわざと冷房を切った蒸し暑いところで試験勉強や答案練習をしました。

暑くて集中力が続かない、問題は難しい……。思わずワーっと叫びだしたくなるようなこともありましたが、耐えることの大切さは十分学んでいましたから、何とか乗り越えることができました。

常に発展段階であれば、ずっと上を目指していくことができる

この業界に限ったことではないと思いますが、同業者同士というのはいつでも競争です。同じ試験を受ける人たちも合格したらお互い競争相手になります。勝ち進むごとに相手が強敵になっていくというのも野球に似ています。

より高いところを目指そうと思ったら、よい指導者に巡り合うということも大切だと思います。

私は中村監督をはじめ他にも数名のよい先生方との出会いがありました。振り返ると人生の分岐点における先生たちの存在はとても大きかったと感じます。

特に、大学の野球部を終えてから体を動かすために始めて、二〇年以上続けている合気道。道場の先生や合気道からはいろいろと新しい気づきを得ます。

合気道には、自ら攻撃を仕掛けるという概念がありません。

高校野球の世界は思い切り勝った、負けたの世界で、その時々の気持ちを噛みしめてきました。

合気道では、勝ち負けや優劣にこだわらず、相手を尊重し、和合の精神を求めます。こういった考え方は少しわかりにくいかもしれません。武道なのに何を言っているのかと。普通、相手に勝とうと思えば、その相手を徹底的に分析して弱点をみつけ、そこを攻撃しようとするものだからです。

しかし、それで勝ちを手にしたにしても自分が強いとは言えないのです。もちろん相手を尊重しているとも言えません。

つまり、敵に戦いを挑まれるうちはまだ弱い。誰も戦いを望まなくなるまで稽古しなさい、そういう人格を備えなさい、ということです。それが勝ち負けを超越した本当の強さの意味です。すなわち、どこまで行っても自分対自分なのです。

稽古を通じて切磋琢磨し、お互いを高め合いながら、究極は「争わざるの理」を目指します。和合することが一番強いということです。

もちろん、私自身も若いうちは勝ったときの喜び、負けたときの悔しさを思い切り味わうほうがいいと思います。そういったことを十分に味わってから、大人になるに従って和合という考え方に進化するのが理想かもしれません。

合気道は五段まで取得していて、名古屋の道場で一〇年以上に渡って指導をしてきました。そこで子どもたちや若い人たちとも接してきたのですが、悪いことをしたり、ふてくされた態度をとる子もいました。

しかしそんな子にもしっかり向き合って、言って聞かせてやると、実は寂しかったんだなとわかったりもします。

ある二〇代の子は、世の中に出て痛い目にあって仕事もやめて、悩んで道場にやってきました。

そこで白帯を締めて、真っ白な胴着に身を包んで稽古をしているうちに、だんだんと気持ちに整理がついたようで、就職が決まり、結婚もしました。

指導をするときは、合気道以外のことも話して聞かせたりするので、そういう風に若い人が前向きに変わっていくところを見るとやはり嬉しいものです。


私自身は三年間名電高校の野球部にいて、大学に進学して税理士の国家資格を取得した後、二、三年プー太郎をしていた時期もありますが、それからは、税理士の仕事も合気道も二〇数年続けています。しかしそれだけやってもなお、人生は結局どこまで行っても中途半端だろうと思っています。

もちろん、イチロー君や彼くらいのプロフェッショナルと呼ばれる人たちはその道を極めていて、中途半端ではないと言えると思います。

しかし、私も含め多くの人はどれだけ頑張ってもその領域にたどり着くことは難しいものです。

それは、どこまで行くべきなのか、どのくらいやるべきなのか、最終目標が定まらないからだと考えているのですが、人生とはそれくらいでいいのだとも思います。

常に発展段階でいることができれば、ずっと上を目指していくことができます。

成長することができるし、軌道修正だってできます。

「人生の甲子園」は、まだはるか先にある

税理士としてここまでやってきましたが、高校生のときに志した「人生の甲子園」はまだはるか遠くにあると感じています。

リーマンショック以降、多くの経営者の皆さんが不況で苦しんでいるのを見ています。

愛知県は土地柄か、慎重な方が多く、苦しい中でもそれなりにやっていこうという方が多くいらっしゃいます。

税理士というのは地味な仕事で、微力ではありますが、どうにかしてご縁があってつながったお客さんの力になりたいといつも考えています。

そのために何ができるか。私はとにかく向き合って行動するしかないと思いました。

例えば三月は通常の業務に加えて個人の確定申告も集中する多忙な時期です。

ある年は三月三日から一五日の朝まで、二週間ほど毎日夜通しで仕事をしました。

朝、外が明るくなってから新聞をとりに行って、朝食までの一時間半だけ眠って……。という生活をしていました。

とてもしんどくて、（今日こそ早く寝るぞ……）と、思うのですが、翌日もまた朝方まで仕事をしてしまいます。

何度も身が持たないと思いながらも、体が動くのです。まるで人の思いに応えるように。

周りからはとても心配されますが、人の思いで立っていられるような気がします。高校野球で言うと、「応援が力になった」という感覚に近いものがあるかもしれません。


若いころ、特に税理士として始めたばかりのころは、実務経験もないのに資格だけは持っている状態でした。

周囲の先輩には、仕事はできるけど資格がないという人もいました。そうすると非常に微妙な空気が流れて、目の敵にされたこともありました。

かなり熾烈なことも起こって、社会に出て最初の洗礼を受けました。そこでとにかく礼儀正しくいるということを学びました。

また、さまざまな業種、業界のお客さんを見て、あることに気がつきました。それは、何をしているかではなくて、どんな人がしているかということが非常に大切だということです。あまりエラそうなことは言えませんが、結局は人で買ってもらうのだと思います。

税理士にしても、担当している税理士が変わったからといって法律が変わるわけでもないので、結局は誰が行ってもほとんど違いはありません。

そのような中で誰に頼むのかといったら、やはり阿吽の呼吸で通じ合えるような人だったり、きちんとこまやかな心配りができるような人です。とにかく人としての魅力が肝心なのだと思います。

目の前にあることを、ただひたすら一生懸命にやるのみ

インターネットが登場してから、モノを売る人は大変になったなと思います。どうしても安さで勝負ということになりますから。

私たちは、「こんなに頑張っているんだから良くなるだろう」という考え方、教えの影響を

受けている世代ですが、今の若い世代は違います。

彼らはもっとシビアで、「頑張ったからって良くなるとは限らない」という中で生きているのです。

私たちもそこは若い世代から刺激を受けて、努力しなければいけないなと思います。

そのような環境の中で頑張る人たちの努力はすさまじいものがありますから。

例えば、私の顧問先にインターネット事業を始めた三〇代の若い社長がいます。

創業当初はその社長ともう一人、その二人で倉庫業からスタートして、「三年後の売り上げで一億円突破させる」ということを目標にしながら奮闘し、実際に達成させました。

目標を立ててそれを達成するという、結果を出す人は取り組む姿勢が違うと思いました。

税理士という仕事は、企業の社長のように華やかなものではなく、どこまで行っても裏方作業だということに変わりはありません。

しかし、裏方だからこそ支えられることがあり、見えてくるものがあります。

高校時代の日々を経て社会の洗礼を受け、人生の経験を積んできて、最近は、(自分を突き動かしているものは何か)と、自問自答することが増えました。

(何か立派なことがしたいのか。名声が欲しいのか。お金が欲しいのか。本当に、そういったものが必要なのか……）というようなことをぐるぐると考えていくのです。

そうすると、結局は食欲と睡眠欲と性欲といった人間本来が持つシンプルなものしか持っていないのではないかという思いに至ることがあります。

自分という存在はとてもちっぽけなものなのだと、はっとさせられる瞬間です。

中村監督がミーティングで武士道の話をされたことがありました。

「人はいつ死ぬのかわからない。それは明日かもしれない。だとしたら、今日一日を精一杯生きるしかない」

私はこれまでの人生を振り返ると、いつも目の前にあることをただひたすら一生懸命にやって、さらなる高みを目指してきました。

高校時代に負けた経験があるから謙虚になれたのだと思います。また、届かぬ思いがあればこそ今の自分があるのだと思いますし、当然、恩師の影響も強く受けています。

そういう想いであっという間に時間が過ぎてここまで来ました。

これからも、自分に与えられたご縁を大切に、一生懸命、全力で取り組んでいきたいと思っています。

第10章 中村基昭

「雨上がりの筍《たけのこ》は急成長するんだ」の言葉を胸に刻んで

中村基昭《なかむらもとあき》

一九六七年生まれ。愛工大名電高校卒業後の一九八五年、ドラフト五位で広島カープに入団。六年間の現役生活を経て二四歳で引退。現在は株式会社フィールドサポート代表取締役、大基建設株式会社代表取締役を務める。

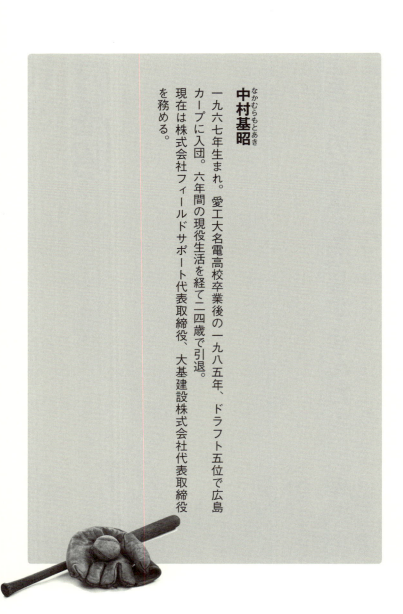

特待生としてスカウトされ、名電高校野球部に入る

僕ははじめからプロを目指して名電高校の野球部に入りました。

そして思い描いた通り、ドラフトで指名を受け、広島カープに入団し六年間プロ野球選手として活動することができました。

引退後は家業である解体工事や、産業廃棄物の処理などを請け負う会社の経営を行っています。


本格的に野球を始めたのは小学六年生のときです。

その前までは少年野球のほかにも水泳をしていました。

野球を続けるか水泳を続けるかの、どちらか一本に絞ろうと迷っていると小学校の先生に、

「野球をやりなさい」

とアドバイスされました。

ちょうど少年野球でお世話になっていた監督がリトルリーグのチームを作ったことをきっかけに、リトルリーグに移り本格的に野球を始めることになりました。

そして、中学生になると同時にリトルシニアに上がって野球をしていました。

僕が所属していたチームは関西地区で優勝するなど、そこそこ強いチームでした。僕は周りの中学生を見て、

「プロでもやっていけるのではないか」

という思いを抱き、プロに行くためにはどの高校に行くべきか考えるようになりました。

そのころ、名電高校では工藤公康さんが甲子園で活躍していたので、名電高校にも興味を持っていました。

そんなとき名電高校野球部のOB会長である奥村さんが試合を見に来られて、僕は特待生としてスカウトされたのです。

中京高校や享栄高校も選択肢の中にありましたが、実家から通わなくてはなりませんでした。通学の時間ももったいないと思ったので、寮のある名電高校に行くことに決めました。

平和だった寮生活

寮に入ることを決めたときに、子どもながらに、ここから修行して這い上がっていくのだと

いう決意を固めました。

入寮してからは、朝から晩まで野球漬けで野球のことしか考えていなかったので、悪さもしませんでした。

とにかく一人で黙々と練習をしていました。

そんな僕を見た中村監督からは、

「こんなに手のかからないやつは初めてだ」

と言われました。


寮生活は厳しいと言われていますが、僕は先輩に恵まれたこともあって一度もいじめられたことはありませんでした。

僕自身、とにかく絶対にプロに行くと決めていたので、決してトラブルを起こさないようにしようと、野球のことだけを考えて暮らしていたので雑念もありませんでしたし、雑音も気になりませんでした。

あまりにも誰にもいじめられなかったので、不思議に思っていましたが、あとから聞いた話だと僕が入る前に中村監督が、

「学校中のガラスを割った、とんでもないワルが入ってくるぞ」

と、先輩たちに吹き込んでいたようです。

僕を見ると先輩が、

「お前か、相当やんちゃなやつは」

と声をかけてきました。

当然、学校のガラスなど割っていないので僕は何のことだかわかりませんでしたが。

そういった口コミのおかげで、僕はとにかく平和に寮生活を送ることができたようです。

もちろん、洗濯や炊事に掃除など一年生が行わなくてはならないことは僕も行います。

当時はガスではなく、薪で風呂を沸かしていたのでその用意をしたり、火加減を見るのは少々大変でしたが、そういった雑用をツラいとは思いませんでした。

入寮前に中村監督は新入生を集めると、

「今からつらい三年間が始まるけれど、一年生のときが一番ツラい。その中でも楽しみを一つ見つけて頑張ってほしい」

と話してくれました。

確かに、さほどツラさを感じることはありませんでしたが、楽しみも多くはありませんでした。

僕の楽しみといえば、風呂焚きで火の番をしているときにこっそりお菓子やパンを食べるくらいでした。

プロ入り後も過酷な練習に明け暮れる

修行のような一年生、二年生のときを経て、甲子園に出て、春の大会に出場して夏は早めに引退して……という理想通りの高校生活を送り、プロ入りしました。

プロの練習は高校のそれとはまったく違いました。名電の練習を一だとすると、プロの練習は一〇です。それくらい桁違いに濃密な練習が行われていました。

例えば、高校でバッティングの練習をするときは順番が回ってくるまで少し休むことができます。

一方、プロは三〇球連続のティーバッティングを五セット行った直後に、別のバッティングメニューに入らなくてはいけません。

バッティングマシーンに入るとアームが通常のものより短く作られているので、とにかく打って、打って、打って、打って……と、少しも休む暇がありませんでした。

当時の広島カープの練習量の多さ、厳しさは有名で、通常の練習も相当過酷でした。

そしてキャンプはまるで地獄のようでした。

現在はその当時の練習内容が評価され、そのメソッドを取り入れようと一二球団にカープの黄金時代の元選手がコーチや指導者として招かれているようです。

寮を比べても名電とは天と地の差がありました。

それまでカープの二軍の寮というのはボロボロの宿舎だったのですが、僕たちが入るころに新築の三階建てのマンションになりました。

宮島の近くで環境もよく、雨天練習場もあり施設も素晴らしいものでした。

憧れの選手が現役でプレーしていて、彼らと同じチームで野球ができるということも誇らしく感じていました。


先輩たちとの力の差は歴然でしたが、「ここでできるかな」ではなく、

「ここでやっていくんだ」

という意識を持って臨みました。

そしてもう一つ決めていたことは、三年で引退して野球はきっぱりやめるということでした。

怪我などの影響で結果的にプロ在籍期間は六年になりましたが、最後の一年間は野球のことだけを考えた生活をしていました。

そしてキャンプの終了後に「お世話になりました」と挨拶をして引退することにしたのです。

プロ野球を引退し、家業を継ぐ

その後は実家に戻り専門学校に通って土木の勉強をしました。

その間に、少年野球の指導を行ってほしいというオファーもありましたが、野球はきっぱりやめると決めていたので断っていました。

僕は実家を継ぐという道があったことは恵まれていたと思います。

あまり知られていませんが、プロ野球選手が第二の人生で何かを行うということは意外に大変なことなのです。

僕は昔から父親についていたくさんの社長に会う機会がありました。

すると彼らは僕に、

「お前は野球選手に向いていない。商売が向いている」

と言うのです。

僕としてはどういったところが向いているのはわかりませんでしたが。

小学生のころから二四歳まで野球漬けの生活だったので、いきなり商売ということになって、どうしたらいいのかわからなかったというのが正直な気持ちです。

また、この仕事に就いてから、一番の壁になったのはプライドを捨てることでした。

自分で引き際を決めたとはいえ、華やかな世界から一転、地味な世界に来てしまったような気がしていたのです。


そのときに、思い出されたのが中村監督の言葉でした。

「生きているうちに花を咲かせなさい。大きな花も小さな花もあるけれど、自分に合った大きさの花でいいんだよ」

「雨上がりの筍《たけのこ》は急成長をするんだ」

監督の言葉が、野球をやめて気持ちが落ち着かなかった僕の支えになりました。

中村監督は、野球だけではなく人生の恩師です。

必要なときに必要な人と引き合わせてくれることもありましたし、仕事で迷ったときに相談に乗ってもらったことも多々あります。

そのときに監督は、「今はそんなに焦るときではない」と手綱を締めてくれたり、「今だ！

自信を持って行け」と背中を押してくれたりします。

例えば、仕事の人間関係のことを相談したときのことです。中村監督は、「特待生をとるときに優等生やイエスマンばかりとったら野球にならない。一人二人は、反発して食ってかかってくるやつがいるから、チームが面白くなるんだ。人生はそれと同じだ」と言ってくれました。

バラバラの意見があるのは当然のことで、それをうまくまとめていくのが経営者の腕の見せ所です。

反発が起こる、みんなで話をする、さらに絆が深まる。という過程が大切なのです。もしも気に入らない人を切ってイエスマンばかり周りに置いていたら、僕は裸の王様になっていたことでしょう。

会社の現場を見て、衝撃を受ける

話は少し戻りますが、プロだったころの生活を忘れられずに専門学校に通っていた僕は、とにかく毎日が退屈で仕方がありませんでした。

朝八時に家を出て夕方までずっと座って授業を受けていました。会社に所属しながら学校に通っていたので、現場にも行かず給料をもらえるという生活をしていました。

僕は仕事に対して危機感や責任感をまったく持っていませんでした。

あるとき父親に、

「お前何を考えているんだ！」

と怒鳴られたことがきっかけで、しぶしぶ会社に出るようになりました。


そして僕は、現場で作業員が危険な環境で働いているのを目にするのです。

そこで一緒に来ていた常務に尋ねました。

「ちょっと待って、危ないよ。このマンホールの山が崩れたらどうするの？」

「どうするの」どころでないことは聞くまでもありません。僕たちの現場は解体の現場もありますし、土木の現場では穴を掘って土砂崩れが起こる可能性もあります。

事故が起これば作業員の命にかかわります。

危険を顧みず作業を行う様子を見た瞬間に、

（プライドとか言っている場合じゃない。僕が中途半端なことをして甘いことを考えていたら現場で働く人たちの命がいくつあっても足りなくなってしまう……）

と、身の引き締まる思いがしました。

それで専門学校に行きながら、危険予知に関する、どんなときにどんな事故が起きるのかというケーススタディを集めました。

学校が終わったら事務所に行って仕事の日報を見たり、トラックのタコメーターのスピードをチェックしたりしていました。

そして学校を卒業し、現場の視察に出るようになってからは、こういうところが危険だと言って回って指導にあたりました。

現場だけでなく、社長や専務にも危険についての話をして会社全体として危険に対する意識を高く持つように心がけました。

そのかいもあってか、僕の会社では年々事故が減り、業界でも低い事故率を保つことができています。

プロ野球経験を前面に出し、信頼を得る

気持ちを切り替えられるようになってからは、元プロ野球選手という肩書をどのように取り扱うべきかということもわかってきました。

僕は次期社長になるというとき、当時の社長についてあいさつ回りに行くことが多々ありま

した。

地元が多いので、プロで野球をやっていたころから応援をしてくれた方も多く、僕に会いたいと快く迎えてもらう場面も多くありました。

しかし、「それは単に好奇の目で見られているだけではないか？」という、ちょっとした自意識がありました。

そのことをある人に話すと、

「野球が不満だったの？」

と、尋ねられ、僕は、

「いえ、誇りです」

と答えました。するとその人は、

「人生でやってきたことなのだから、堂々としたらいい。もっとそれを前に出して営業しなさい」

とアドバイスをしてくれました。

あるときの商談でのことです。

閉店したスーパーマーケットの解体でコンペティションが行われたのですが、うちが提出した見積もりが一番安かったので、「どういう基準でこの価格なのか説明してほしい」ということで僕が呼ばれました。

「うちには設備があるので、それを応用してコストを抑えたのがこの金額になります」と詳細を説明するのですが、その社長は、安さの裏に不法投棄などのリスクはないだろうかと不安に感じているようでした。

まだ信頼がなかったので当然だったかもしれません。

そこで僕は、今までプロで野球をやっていた話をしました。

「実は僕は甲子園にも出場して、卒業後はプロ野球選手をしていました。ですので、当社が不法投棄をしたらお世話になった球団にまで迷惑がかかってしまいます。そういう背景があるので当社は絶対に違法行為はできません」と。

すると、その会社の社長は、

「そうか」

と言って、その場でハンコを押してくれました。

信頼の高さというのは何よりの強みになります。

おかげさまでこの不況下にあっても仕事量は年々増加しています。

僕のところには下請けの会社が営業に来ることもあります。そのときに何が決め手になるかというと、やはりその人の人柄とそれまでの過程です。

今があるのは、中村監督をはじめとする周囲の助けがあったから

僕がプロ野球に行き、その後、一五年以上社長業を続けられたのは、野球をやっていたことと中村監督の指導があったおかげです。

また、多くの友人や仲間、支えてくれる人に恵まれていることにも感謝しています。

僕に力がなくても彼らがいつでも引き上げてくれました。

僕が社長の仕事を始めることになったのは、父が脳梗塞で倒れたことがきっかけでした。八月に決算を迎えるひと月前に倒れ、僕は突然ハンコを渡されて、

「お前、八月一日から社長になれ」

と言われたのがスタートでした。

資金繰りも、手形の「手」の字も知らないような状況でした。

ようやく現場を覚えて営業としてもスキルが身についてきたかなという段階だったのですが、突然経営に回ることになりました。父に、

「銀行に行ってお金を借りてこい」

と言われ、言われるまま銀行に行きました。そして銀行の支店長に、

「お金を貸してください」

と言ったら、きょとんとされてしまいました。

「つい先日社長になったのですが、会長である父がお金を借りてこいと言うので……」

「金額はいくらですか？」

「……わかりません」

「返済はどうするんですか？」

「……わかりません」

これではガキの使い以下です。

今となっては信じられないやりとりですが、支店長はとても優しい人で、お金はこういう借り方がある、返済方法はこういうのがある、お金の回し方はこうだ、といろいろと教えてくれました。


経営については仲良くしている同じ年の社長に教えてもらいました。

彼は事務職に強く、僕は現場に詳しかったので、互いに教え合い切磋琢磨しながら知識を身

につけていきました。

お金の儲け方は知りませんでしたが、周りに助けてもらうということの大切さを学びました。

そして経営の面白さも日に日に感じられるようになってきています。

これからも自分のフィールドで精いっぱい勝負して、いつか自分だけの「花」を咲かせることができればと思っています。

第11章

中村 稔

「お前の役目は後輩の面倒をみてやることだ!」

中村《なかむら》　稔《みのる》

一九六三年生まれ。名古屋電気高校を卒業しドラフト三位で日本ハムファイターズに入団。

五年間の現役活動を経てプロ野球審判に。

三三歳で日本シリーズに初出場。四一歳で審判部副部長に就任。選手が選ぶ「ベストアンパイア」パ・リーグ部門において二〇〇四年から二〇〇六年まで三年連続一位に輝く。

現在は一般社団法人日本野球機構日本プロフェッショナル野球組織に所属。審判員クルーチーフを務める。

中村監督から、真剣に野球に取り組むことを教わった

サッカー少年だった小学生を経て、私の野球歴は中学で野球部に入部したことから始まります。

野球に夢中になって練習をしていたら、卒業するころには一〇校以上の高校からスカウトが来るほどになっていました。

進路には迷いましたが、よく知る先輩がいたことと、親元を離れて生活してみたいと考えた私は、全寮制の名古屋電気高校を選びました。

寮生活の厳しさなどまったく知らなかったので、実際に暮らしてみると目からうろこが落ちるようなことも多々経験しました。

そして、主将を務めた三年生の夏、甲子園に出場しました。

その後、ドラフト三位で日本ハムファイターズに入団し、プロ野球選手として五年間現役活動をした後に審判になり現在も続けています。

振り返ってみると、長いこと野球界の中に身を置いています。

好きなことをずっと続けていると思われるかもしれませんが、実は審判に転身する前、そして転身してからしばらくは、自分の職業に対して大きなわだかまりがありました。

（プロ意識とは何か……）

向上への意識は常に高く持っているつもりでいましたし、価値観が変わるようなタイミングも何度もありました。

高校での野球もその一つです。高校野球を経験すると、中学の野球は遊びだったんじゃないかと思うくらいの差があります。

身体つきも違うし、なにより野球に対する姿勢が違います。

甲子園を目標にしている学校も多くありますが、名古屋電気高校の場合、甲子園は通過点に過ぎませんでした。

掲げていた目標は全国制覇です。さらには、

「プロになりたい」

「東京六大学に行きたい」

と甲子園の先を見据えている、モチベーションの高い部員が多く在籍していました。

では、それを実現するためには？

一回戦に勝って当たり前だという実力を身につけるためには？

愛知県は強豪校も多いので、そうやすやすと勝ち抜くことはできません。だからこそ、一生懸命、真剣にやらなければいけません。遊びで夢は叶いません。野球部に入ってはじめに学んだことでした。

それを教えてくれたのは、恩師である中村監督です。

監督の第一印象は優しい人だというものです。当時は名古屋電気高校の監督に就任されて間もないころで、年齢も、三〇代後半に差し掛かるくらいの若くて熱い兄貴分という感じでした。私たちと一緒にバッティング練習をしたり、ノックをしたりして、選手と近い部分もありました。

もちろん優しいだけではなく、寮生活でも部活でも、常に監督の目が二四時間では足りないほど光っていましたが。

しかし、いつも私たちのことを考えてくれていました。

寮生活の思い出として印象深かったのは、「苦痛の誕生会」と呼んでいた、毎月の誕生会です。

先輩方の無茶なリクエストに応えたりするものです。

しかし、そういったことも私の中ではすべていい思い出として残っています。

寮生活では厳しい「指導」があったかもしれませんが、それはやはり私たちの中では「指導」なのです。「いじめ」ではありませんでした。

実際、私が一年生のときに三年生だった先輩、鴻野淳基さんたちとは今でもつき合いがあります。

もしも何か根に持っていたら、電話に出るのも嫌でしょう。私たちには寮生活で同じ釜の飯を食ったという絆があるのです。

工藤公康は桁外れの選手だった

同期の中で一番印象に残っているのは、一緒にプロにも行った工藤公康です。

彼は桁外れのピッチャーでした。

甲子園では彼がほとんど三振に打ちとっていたので、野手のほうへ球が飛んでこなかったことをよく覚えています。

鼻っ柱の強いところもあって先輩とぶつかることもありましたが、とにかく野球の技術がずば抜けていました。

中村監督も工藤の扱いをどうするか、とても深く考えていたと思います。才能を潰すのも生かすのも監督にかかっていますから。

私から見ていて、工藤だけに甘いときもあったし、厳しいときもありました。おそらく後から入部してきたイチロー選手のときも、同じように接し方に悩まれたのではないでしょうか。

もちろん真剣に考えられていたのは、ずば抜けた選手のことだけではありません（主将に対しては一貫して厳しいというポリシーを持っていたようですが）。

部員にはさまざまなタイプの人材がいます。甲子園という大きな舞台に出場することで燃え尽きたり、地区予選で敗退してつまずいてしまうこともあるでしょう。腕に自信があるやつ、やんちゃなやつ、頭がいいやつ……。技量も、性格もそれぞれ異なります。

私たちは、入部したときから三年間に渡って中村監督に計画的に育成されていたのだと思います。

甲子園への出場が決まったときのことはよく覚えています。

中村監督が就任されて初めての甲子園だったので、全員で喜びを分かち合いました。監督も、現在名電の監督を務めている倉野さんも、OB会長も、もちろん部員も、夢の全国制覇への第一歩を踏み出せることの喜びにあふれていました。

甲子園はとても広くて、日差しが眩しかったのを覚えています。夏なので観客席にいる人たちがほとんど白い服を着ていて、まるで光の中にいるような気分でした。

試合が始まると、工藤がノーヒットノーランを達成して、あっという間に終わってしまいました。

多くの強豪校と対戦していますし、甲子園行きのキップを手にするまでには何度も厳しい試合をしてきました。

しかし、甲子園には甲子園ならではの緊張感がありました。

今だから思えることなのですが、「楽しんでいた」のだと思います。思い切りやれば、喜びと楽しみが待っているのだと学ぶことができました。

日本ハムファイターズを経て、審判へ

卒業後、日本ハムファイターズに入団してからは、二塁手を務めていました。

当時の二塁手には、菅野光夫さん、岩井孝之さんらがいて、同じチームですがライバルとして奮闘していました。

そしてプロ入りから五年経ったときに球団に呼ばれました。なぜ呼ばれたのかは何となく勘付いている部分もありました。予感は当たりました。

「中村とは来年契約しません」

「はい。わかりました」

球団から告げられたとき、私にはそう答えるしか選択肢がありませんでした。

プロは、そういったことは受け入れるほか許されないのです。

（もうちょっとやらせてください）（まだできます）

さまざまな悔しさや未練が胸をよぎります。

しかし、そんなことは口が裂けても絶対に言えないのです。その瞬間から、球団と一緒に私の次の道を考えることになりました。

二軍のマネージャーや、他球団への移籍、いろいろな案が出ました。

移籍の話も大変ありがたいことでしたが、移籍後プロとしてどれくらい活躍できるだろうか、続けられるかと考えたときに、選手としては、一、二年が限界だろうと思っていました。

そんなときに当時の球団社長が提案してくれたのが審判への道です。

「中村、審判をやってみなさい」

そう言うと社長はその場で二通の推薦状を書いてくれました。

パシフィックリーグ用と、セントラルリーグ用です。どちらでも好きなほうに行きなさい、というわけです。

どちらにするべきか迷いましたが、これもご縁です。

私はパシフィックリーグにいたので、そちらへ行くことに決めました。

そしてスーツを着ると、パシフィックリーグの審判協会があった銀座のビルへ面接に向かいました。


面接を受けると即採用になりました。

そして現在審判として二七シーズン目を迎えています。

今でこそ、WBCにも参加でき、「選手が選ぶ！　ベストアンパイア」パ・リーグ部門三年連続一位などという賞もいただくなど、自身の仕事にも誇りを持てるようになりました。しかし実は審判を始めたときというのは、ものすごく恥ずかしさや情けなさを感じていました。

何十年というプロの生活を経てからの転身であれば、また違うことを感じたのかもしれません。

ただ、私は若くして転身することになりました。

今の時代、「戦力外通告」という言葉をよくメディアで目にしますが、つまりそれは、プロを「クビ」になるということです。

そして「クビ」になった翌年、去年まで同僚だった人たちの前で審判をしているのです。それを想像してみてください。

「ストライーク！」

審判の練習中、元同僚たちが試合をしている同じ空間の中で、自分だけがとり残されてしまったような、恥ずかしさと情けなさがありました。

（これが自分の職業なんだ）

と、何度も自分に言い聞かせました。

プロ野球選手でしたから職業意識というものは強く持っているつもりでいました。

しかし、中学のとき一〇校以上の高校からスカウトが来て、高校でも甲子園出場を果たし、プロ野球に入団するという、求められることが当たり前という世界の中で、ただ流れに乗っていただけだったのだと気づかされました。

クビになり、自分で道を選ぶという決断を迫られたのです。

そこで私は、自分の職業について腹を括るということの大切さを学びました。

もう、恥ずかしいとか格好悪いなんて言っていられないのだと。


そんなときに支えてくれたのが、前川さんという審判の先輩です。

彼に基礎や心構えなどを教えてもらいながら、選手と自分との間に線引きをすることを覚えていきました。

野球界では、選手と審判が必要以上に仲良くならないという暗黙の了解があります。

例えば、私たちが遠征に行くと、そこで行くお店が選手たちと似てしまうところがあるのですが、先に選手を見つけたら私たちはよそに行くようにしています。

後から選手が入って来たときにはすぐに切り上げて出ていきます。

ただし、先輩後輩のつき合いは許されています。

例えば、私と、山﨑武司やイチローが食事に行くのは大丈夫です。

選手と仲良くするということで何か罰を受けるということはありませんが、この業界ではそれが紳士協定となっています。

このような公正さに配慮することも当然ですが、審判の仕事には正確さが求められます。ミスジャッジなどは論外です。

一方で選手は、二〇勝するとすごいピッチャーだと称えられ、バッターは三割三分打てば優秀だと言われます。

審判には打率も何もないので、試合終了後に数分間、審判仲間と「いいジャッジだったな！」と話すしかありません。

そういう意味では、この仕事は選手と比べると、喜び感、満足感というものを感じにくいのかなとも思います。

私は現役なので、そこは常に勉強だと思っています。

（もっと上手くなりたい）

と思うことが一番のモチベーションになっています。

審判の後輩たちにも上手くなって欲しいですし、もっと試合にも出てほしいと思っています。

自分のことも組織のことも同じくらいに考えなくてはいけない段階に来たのだと思っています。

一年でも長く審判としてやっていきたいという思いはありますが、実は審判も年契約なので、

「来年は契約をしません」と言われる可能性がいつもつきまとっています。

よく感じることですが、審判というのはただ何となくでは続けられません。

先にも述べたように、プロから転向したときにどう気持ちを切り替えるかということや、やりがいをどのように持つかということも大きな問題ですが、一番現実的なものとしては、加齢による衰えがあります。

老いることによって動体視力や筋力、体を使ったすべての技術的な能力が衰えていくのです。四五歳くらいまではバリバリ動けますが、気持ちは元気でも老化は止められません。そのことを念頭に置いて、日々トレーニングに励んでいます。

そう考えると、おのずと自分の引き際を考える必要が出てきます。

審判をやめた後の人生は三〇年、もっと早くに引退すれば四〇年あります。その後どのような人生設計をしていくかということが大事だと思います。

自分の役割、役目というものは何か。

それについて思いを巡らせると、プロ入りしてまもなくのころ、名電の中村監督からかかってきた電話を思い出します。

「俺が今から後輩を東京にいっぱい送り込むから、お前の役目は面倒を見てやることだ！」

中村監督は、大学生や新社会人として上京する後輩が頼ってきたときに、面倒を見てくれと私に言いました。

私は指導者ではありませんが、後輩や面倒を見ている人たちに対して、いろいろと伝えたいという思いを持っています。

自分からあれこれと言うことはありませんが、自分が苦労をしたこと、失敗したことを伝えたいのです。

特に失敗には絶対に理由がありますから、そのようなことに気づいてもらえるきっかけになればと思います。

野球以外にも、私の人生経験から得たものを後輩や若い人に伝えていけたらいいと思っています。

それが自分の役目、役割なのかなと考えるようになりました。

「自分はプロの仕事ができているか」を常に意識することが大切

野球選手以外でも言えることですが、人生において一生懸命やるということと、プロ意識を持つことが大切です。

では、プロ意識とは何か。

私たちの世界では、私のジャッジに対して後輩が「これは違うんじゃないですか？」と言うことはないですし、私が後輩にそれを言うこともありません。

一対一の場ではそのような話をすることもありますが、仕事中は言いません。

互いにプロの仕事をしているわけですから、人前で恥をかかせるようなことをしてはいけないという礼儀があるのです。


筋を守るということは、社会でも会社でも大事なことなのではないかと思います。

時には厳しく叱ることも必要だと思いますが、その立場を重んじて接しないと人間が違う方向へ曲がっていってしまいます。

昨日まで教育していた人間が、今日には横を向いてしまって話もしないような関係になってしまったら、それはダメだと思います。


ただ、プロの世界では叱ったほうに非があるとか、先輩の指導を受け入れなかった後輩が悪いというようなことには、ほとんど意味がありません。

力のある人間が生き残っていく、極論で言ってしまえばそれだけなのです。後輩に嫌われたって、そんなことは関係ありません。力がないものは淘汰されていく世界です。そうでなければ、東京ドームの五万人の観客の前で、審判など務まるはずがありません。どんな声にも動じないメンタル力を養うには、にこにこしているだけでは駄目なのです。もっとストイックにならないといけません。

ダメなものも使う、というのはアマチュアの考えです。

個々が自分の仕事に対して一生懸命になって、自分の職業というものに対してプロ意識を持つことが大切です。

私はプロ野球選手をクビになって審判に転身をしても、やはり常に翌年はない可能性がある世界で戦っています。

夢や希望を持つことも大切だけれども、自分の仕事に対してシビアに、自分がプロの仕事をしているか問いかけをしながら日々の生活に向き合うことが大切ではないでしょうか。

第12章　中里高之

野球を終えてからが勝負だ。
最後は人生で勝つようなことを
学んでいけ

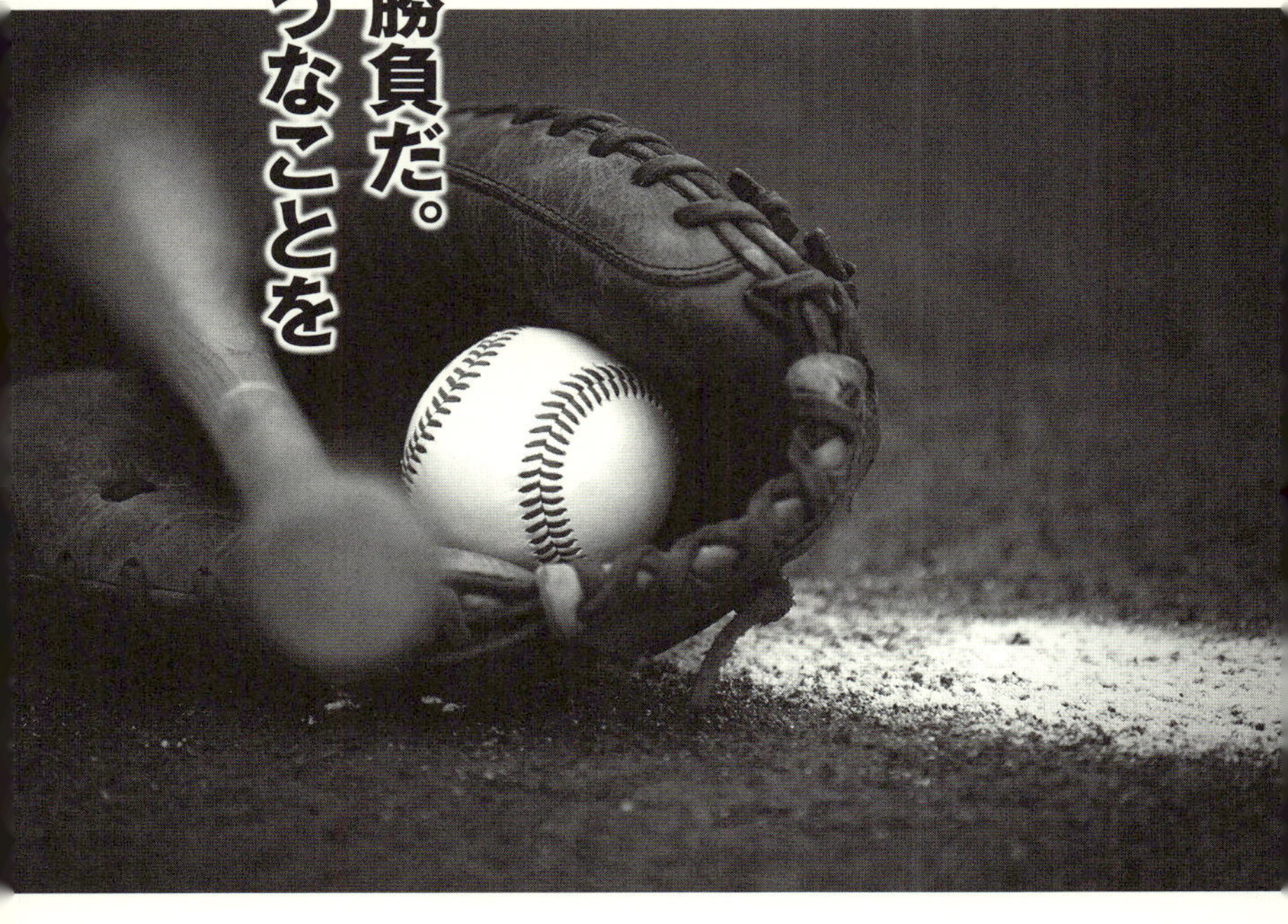

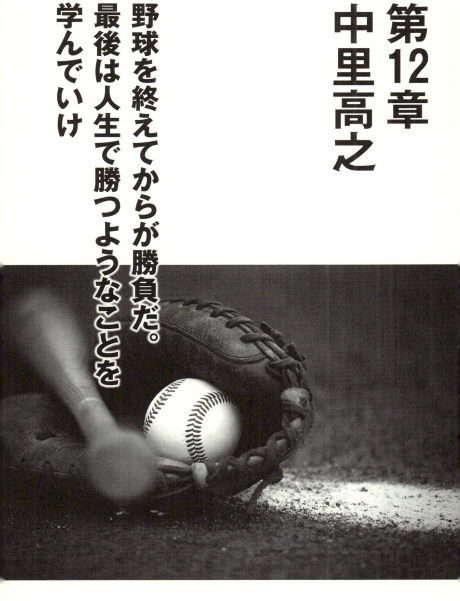

中里高之《なかざとたかゆき》

一九六四年生まれ。名古屋電気高校卒業後は愛知工業大学に進学。同校野球部のマネージャーを務め明治神宮野球大会で優勝。日本一のマネージャーとなる。卒業後は衆参両議院の秘書を務め、二〇〇八年名古屋市議会議員に当選。現在も名古屋市会議員を務める。

野球部時代に培った精神力と情熱で「心が通った街、緑区」の街創りを目指している。

名電高校での「指導」で、天狗の鼻を折られる

小学五年生のときに名古屋で初めてのリトルリーグのチームができると、僕は今まで入っていた少年野球からリトルリーグに移ってプレーしていました。

中学に上がるとき、リトルシニアリーグに行くか、中学校で軟式の野球部に入ろうか迷っていると、小学校の担任から、中京高校にも中京中学があるように、名古屋電気高校にも愛工大名電付属中学校があると聞き、愛工大名電付属中学校に進学することを決めました。

付属中学校なので、僕の存在はすぐに中村監督の耳に届いたようです。

何度か名電高校が練習しているグラウンドを訪ねさせてもらって、先輩たちとも顔見知りになることができました。

そして自然な流れで名電に特待生として入学することになるのです。

当時の僕に限らず、中学から特待生として入部してくる子のほとんどは、

「俺は日本一野球がうまい」

というような錯覚をしています。

特にスポーツに自信がある子というのは、負けん気も強く、良く言えば「元気」な子たちばかりです。

そのような子たちが集まったとき、どのように統制をとるかという問題が生まれるのは必然です。ですので、入寮すると先輩たちは毎晩僕たちに「指導」を行いました。

すると、「自分が一番」だと思っていた一年生は次第に先輩たちに恐怖心を抱くようになり、言うことを素直に聞くようになります。

恐怖心を抱かせるというのは少々過激ではありますが、僕は何らかの形で、天狗になっている鼻を折るということは必要だと思います。

また、教育の原点というのは、年上の人が年下の人に歴史を教えるというところにあります。それをきちんと継承するには、受け入れるスペースを作らなくてはなりません。

僕は高校野球では工藤さんの時代に甲子園に行くことができて、愛知工業大学ではマネージャーとして大学野球で全国優勝しています。

甲子園出場と明治神宮大会での優勝という最高のステージに行くことができた原点は、名電高校での教育にあると思っています。

子どもは甘やかされて育つと、要求が際限なくエスカレートしていきます。

例えば、中学生でスポーツカーがほしいというような子にスポーツカーを買い与えれば、高校生になれば宇宙船がほしいと言いかねません。

僕たちは「恐怖」を知ることで危機感をもって物事に向き合えるようになりました。そして自分のわがままが通用しない世界でひたすら耐えることを覚えました。

だからこそいざというときにくじけず、まだまだやれるとひたすら前を向いて進むことができるのではないでしょうか。

「怖さ」にもいろいろな種類がありました。例えば技術の違いです。

中学から上がってすぐに高校の練習に参加するようになると、飛んでくる球が怖いくらい速く感じました。

まずそこで、今までの自分の練習が子どものレベルだったと思い知るのです。

そして先輩たち。

僕は工藤公康さんや中村稔さんと同じ部屋で生活していました。僕は周りと比べると背が低かったこともあり、先輩たちとの体格の差は大人と子どものようでした。

体格以外にも先輩たちには圧倒的なオーラがあり、とても大きく感じていました。

監督の存在も大きく、言うことは絶対でした。

野球部では眉毛を抜いたり剃ったりすることが禁止されていたのですが、高校二年生という色気づいた年頃の僕たちはこっそり眉毛の手入れをしていました。

少しずつやっているつもりなので気づかなかったのですが、あるときついつい抜きすぎてしまい、中村監督にばれてこっぴどく叱られました。

「とっぽいことやりやがって！　バリカンで頭も剃って、眉毛も全部剃ってこい！」

激怒する監督の言葉に、

（まじかよ……）

と思うのですが言うことには逆らえません。

僕は髪も眉もすべて剃って、金田一シリーズの『犬神家の一族』に出てくるスケキヨのようになって監督のところへ行きました。すると、

「ばかやろう！　怖すぎるがや！」

と、また怒鳴られ、奥さんの眉墨を借りて眉毛を書いて学校に通っていました。

年代によって多少の差はあるようですが、僕らの年代は監督によく怒られていました。特にキャプテンだった中村稔さんは、

「責任は全部お前にある！」

と、みんなの代表で怒られることもありました。

ある学年では全員で脱走したり、練習をボイコットしたこともあるようです。多感な時期の少年を預かる身として監督はかなり苦労されたのではないかと思います。

マネージャーに転身する

高校三年生になると僕は選手からマネージャーに転身しました。もう野球はしたくないと思っていたのですが、進路相談のときに「大学に行っても野球を続けるように」と言われ、国士舘大学への推薦の話が持ち上がりました。

国士舘大学と言えば厳しい寮生活だというイメージを持っていた僕は「嫌だ、嫌だ」と逃げまわり、愛知工業大学へ進学します。

国士舘大学へは剣道部のキャプテンだった子が進学することになりました。

それから月日がたち、僕たちが大学野球で優勝し東京の宿舎にいると、突然国士舘大学の学生たちが大勢集まってきました。

その先頭には見覚えのある顔。

「優勝おめでとう！　お祝いに来たんだ！」

そうです。あのときの剣道部のキャプテンが国士舘大学の寮長となり、僕らを祝いに来てくれたのです。驚きましたが、駆けつけてくれた気持ちがとても嬉しかったです。

そのころは僕も大学で体育会の会長を務め、野球部のマネージャーやすべての部の寮の寮長も務めていました。

こういった経験から、物事をまとめたり、目標に向かってサポートしたり、達成するための手順を考えることの面白さを感じるようになりました。

大学卒業後、政治の世界へ

また、大会優勝後には官房副長官を務めていらした水平豊彦さんにご挨拶する機会をいただき、この出会いが僕の人生を変えることになります。

選手はユニフォームを着て、マネージャーだった僕は学生服を着て、監督とともに挨拶に行きました。するとそこで、水平先生に、

「お前、三年生か？」

と声をかけられました。

「はい。三年生です」

「来年就職するのか？」

「はい」

なぜそんなことを聞くのだろうと思っていた次の瞬間、驚くような言葉が飛び込んできました。

「俺の秘書になれ」

僕を含め、みんな目が点になりました。正直、野球しかしてこなかった僕は政治の世界などまったくわかりません。すると水平先生は、

「マネージャーの仕事は、秘書としても通用する」

と言いました。

「僕は何をしたらいいんでしょうか……」

戸惑う僕を尻目に、

「まぁえがや。就職決まったがやお前」

と、水平先生は豪快に笑いました。

秘書になることが決まったので僕は就職活動をしないまま四年生になりました。

しかしその夏、水平先生が病気で亡くなってしまうのです。茫然としていた僕に、水平先生

の後継者である片岡武司先生が声をかけてくれました。

「就職するなと言われて待っていたんだよな。……よかったら俺のところにこないか？」

すると、そのときに一緒にいた大学の監督が、

「ぜひ、そのようにしてもらえませんでしょうか」

と言い、片岡先生の秘書になることが決まりました。


その年の秋、愛知工業大学は全国優勝することになります。

するとそこから、山のように「うちにこないか？」というオファーが届くようになりました。

はじめに来たのは、ロッテオリオンズのマネージャーでした。他にも、トヨタ自動車、NTT、日本石油カルテックスなど超一流の企業から声をかけられました。

当時はバブルのころで、新卒の社員のボーナスを入れた袋が立つという時代でした。

それに比べると議員秘書は私設秘書からのスタートで、月収は一三万円程度です。しかも議員が落選すると職を失うというリスクがあります。

正直、企業に就職するほうが秘書の仕事よりいいな……という思いがよぎったのですが、大学の監督に相談すると、

「お前バカか。約束しただろう」

と一蹴されてしまいました。

片岡先生の秘書を一〇年務めた後、北海道沖縄開発庁長官を務めていた稲垣実男先生の公設秘書として三年間務めました。

そして、稲垣先生の引退後に、小泉内閣、安倍内閣、福田内閣と三つの内閣で官房副長官を務めていた鈴木政二先生の秘書となり、平成二〇年に僕は議員になりました。

振り返ってみると僕は大学を卒業してからずっと政治の世界で生きています。

市議会では二期目になりますが、周りからは、

「もう六期くらい務めているようだね」

と言われることがあります。

名電高校で培われた知恵で、政治の世界を生き抜く

代議士の秘書というのは、思った以上に地味で地道な仕事です。

運転手からスタートして、夜中まで料亭の前で待機して……。それに耐えきれなくてやめていく人も大勢見てきました。

しかし僕から見ると、なぜこんなことに耐えられなくてやめるのだろうと不思議でなりませんでした。名電の野球部や大学野球のことを思い出すと、

「どんなことがあっても命まではとられない」

というように肝が据わります。

中村監督が言っていた「人生は修行だぞ」という言葉もずっと胸にあり、苦しいときの支えになりました。


僕たちのころは、政治家の秘書というと父親が政治家で後を継ぐために秘書をやっているとか、有名大学の出身で志が高い人というのが主流でした。

ですので、僕のように政治も何も知らない状態でこの世界に飛びこむというのは異例です。

そういったエリート組から見ると僕は雑草のような存在です。

そこに引け目を感じることもありました。


しかしあるときに、東大のキャリアに言われたことがあります。

「中里さんって、工藤公康さんのときに名電で甲子園に行って、大学でも優勝しているって？僕は統計学をやっているけど、それは、東大に入るよりも何十倍も難しいことだよ」と。

悔しい思いをすることもありましたが、その言葉が励みになりました。

名電高校で鍛えられた「負けん気」もあるので、二世や勉強しかしてこなかった人たちに「知識」で負けたとしても、生き抜く「知恵」では負けないと思いました。

「知恵」すなわち、要領よく生きるということは名電の寮生活で身につきました。

例えば、僕は少し素振りをするだけで手の皮がむけるタイプだったので、ぺろんと皮がむけると、

「どえらいやりました！」

と言って見せていました。もう時効ですよね。

野次の飛ばし方も野球部から学びました。意外に思われるかもしれませんが、野次というのは実はかなり難しいものです。

「バカヤロー！　コノヤロー！」

というのはただ罵っているだけです。いい野次というのは、ユーモアがあって、相手の弱点をビシっと突くのだけど、周りがくすりと笑ってしまうようなものです。

ある本議会で、

「おい、名電の野球部でもわかるように説明しろ！」

と野次を飛ばしたら爆笑に包まれました。

名電の関係者には怒られてしまうのですが（笑）

議員になってからはハマコーさんの野次を手本にしているのですが、「名古屋のハマコー」というあだ名がつくようになりました。

僕は、議員にはキャラクターが必要だと思います。公約を実現することは当然ですが、議員には明るさと強さが必要です。

弱弱しくて頼りない人に自分の大切な一票を託すことはできないでしょう。

僕は演説や講演などで、自分の性格に嘘をつきません。

「私は真面目です！　とにかくクリーンです！」

と、必死にアピールをする人も大勢いますが、僕は、

「俺は昔不良だったよ！　でもみんなの生活と安全は守るよ！」

と言います。ある総会では、

「橋を架けたのも俺、道路を作ったのも俺、地下鉄を引いたのも俺、全部俺がやってるじゃないか！　お前たち〜！」

と言ったら、

「そんなことを言うやつはおらんぞ！」

と、皆さん大爆笑でした。

僕の演説はほとんど漫談です。大切なことを一つ言ってそれで終わりです。なぜそのようにしているかというと、「また次もこの人の話を聞きたい」と思ってもらえないと人が集まらないからです。

話を聞いてもらえないと、いざ選挙になったときに、「誰に入れる？」「誰でもいいや」となってしまいます。

僕は経歴も少し異例ですから、そういうキャラクターが許されている部分があるのかもしれません。ただそのおかげで大勢の方に応援していただき、二〇年以上政治の世界で生きることができています。

中村監督の教育のおかげで、人間力が養われた

少し話は戻りますが、僕は昔、「カンニングの神様」というあだ名をつけられたことがあります。

テストに下敷きを持って行ってもよかったので、そこにものすごく小さな字で教科書の内容

を書き写していました。

そこへ合宿所の見回りに来た中村監督がやって来ました。大慌てで隠しても監督はお見通しです。

「お前今何を隠した？」

恐る恐る書き写した下敷きを差し出すと、

「これなら暗記したほうが早いだろう」

と苦笑いされながら没収されてしまいました。

そして試験に臨むのですが、書いていないところが出るとお手上げでした。


当時は不思議な絆のようなものがありました。その関係を表しているのが「名電ピラミッド」というものです。

頂点は僕たちのような運動部の特待生。そしてその下に不良のグループがあり、最後はいわゆるオタクのようなおとなしい子たちです。そういう子たちは野球部や運動部を純粋に応援してくれる子たちが多かったので、僕たちも彼らに対しては正義の心のようなものを持っていました。

例えば、不良グループの子が、おとなしい子たちをパシリにしているのを見つけると、僕は、

「おいそのパンくれよ」と言って、不良からパンをもらってパシリにされたおとなしい子には「お前も食えよ」と、一緒に食べていました。

それも一つの要領のよさ、あるいは頂点に立つものとしてどう振る舞うかということだと思います。

力を持っていると自惚れて、性根の腐ったことや筋の通らないことを行うと、あっという間に足元をすくわれてしまうでしょう。

人生には厳しいことが多く待ち受けています。中村監督はいつも、

「野球は大事だけれど、野球ができる時間というのは人生において非常に短いぞ」

とおっしゃっていました。そして、

「野球を終えてからが勝負だ。最後は人生で勝つようなことを学んでいけ」

と僕たちに教えてくれました。

僕は中村監督の教育のおかげで人間の基本ができました。政治家というのはこの人間の基礎力が問われる仕事です。基礎ができていなければ人の心に響く演説などできませんし、選挙に当選することもできないでしょう。

そこを名電の野球部で培うことができたことは何よりの財産だと思っています。

第13章 鈴木真悟

監督の涙は今でも忘れられない

鈴《すず》木《き》真《しん》悟《ご》

一九六九年生まれ。愛工大名電高校野球部時代、利き腕だった左腕を疲労骨折で潰してしまうも、猛練習の末、半年で利き腕を変え復活を遂げる。卒業後は家業を継ぐため名古屋で二年間修業をし、帰省後西尾人形センターに入社。現在は代表取締役を務める。

工藤公康さんに憧れ、名電高校野球部を目指す

小学生のころは、父と母が休みなく働いていたため、親の目が届かないことをいいことに悪さばかりしていました。

いずれ家業を継ぐのだという気持ちはありましたが、目の前の遊びが楽しくて羽目を外してばかりいました。

ほとんどの小学生がそうだと思いますが、頑張らなくても自然と明日も未来もやって来ると思っていましたし、日々を大切に過ごす意味など考えてもいませんでした。

私はただ楽なほうに流されていたのです。

ある日、見かねた父は小学五年生の私を家から放り出しました。

泣きながら家に入れてくれと頼む私に父は、「戸塚のヨットスクールに入るか、野球をやるか」と言ったのです。

このままではいかん、とにかく厳しい環境に入れて私を矯正しなければ、と考えていたのでしょう。

その後、見学に行った野球チームが格好よかったこともあり、知り合いのツテで、愛知県のリトルリーグに入ることになりました。

そしてそのまま中学はシニアリーグの刈谷シニアに入りました。通っていた中学校にも野球部はありましたが軟式でした。

球の重さが違う軟式と硬式を両方やるのは肘によくないということもあり、陸上部に入部しました。

当時、名電高校では工藤公康さんが甲子園で大活躍をしていました。

工藤さんも名電高校のユニフォームものすごく格好よくて、テレビで見た瞬間、雷に打たれたような衝撃を受けました。

(絶対にあのユニフォームを着るんだ！)

周りはそんな私を笑い、「お前のレベルでは無理だ」と言われていました。

しかし、不思議な話なのですが、私には名電高校のユニフォームを着ている自分の姿がはっきりと見えていたのです。「俺は絶対に名電高校野球部に入るべき人間なのだ」と、頑なに信じ、がむしゃらに練習していました。

「お前が名電に入れるくらいのコーチを連れてきてやる」

ある日父がそう言うと、都築秀さんを連れてきてくれました。

彼は鴻野淳基さんの同期で、中学の三年間私のコーチをしてくれました。彼との練習は毎日深夜まで続きました。

「真悟、お前の体は小さい。ライバルにはお前より大きなやつがごろごろいるぞ。だからこそ、小さいなりにどうしたらレギュラーになれるか、名電に入って何をしていけば上にいけるか考えなければいけないぞ」

と、彼は技術以外にも多くのことを教えてくれました。

その後、名電高校の特待生の試験を受けてライバルたちと競い合うわけですが、合格者一七名のうちの、一六番目というぎりぎりのところで合格することができました。


愛工大名電高校野球部といえば、愛知県内外のトップ選手やアスリートが集まってくるので、自分に多少の自信があったとはいえ、ライバルたちが化け物の集まりにしか見えませんでした。

上級生は私たちのさらに上を行く化け物に見えました。

私たちが一年生のときの三年生といえば全国でもトップクラスの身長の持ち主ばかりでした。

本当にこんな中で野球ができるのだろうかと大きな不安を抱いたことを今でもよく覚えてい

ます。

熾烈なレギュラー争いの中で、腕を痛める

特待生の試験に合格した後、合格者が参加するキャンプがありました。そこでは先輩方と合同で練習が行われます。練習の中にはマラソンもあったのですが、ゴールしてみると、私が断トツのトップで周りからとても驚かれました。ゴール後、中村監督に「陸上部に特待で入れてやるぞ」と言われ、無理やり陸上部に入れられそうになり、「野球がやりたいです。お願いします！」とお願いし、何とか野球部にいられることになりました。

寮生活については「伝統」の中で揉まれて、かなりタフになりました。今の時代、「伝統」については賛否両論ありますが、私としてはそれがあったからこそ私たちは強かったのだと思っています。

寮生活は、時折「刑務所」と揶揄されることもあるほど厳しいもので、ヨットスクールに入っていたほうがよっぽど楽だったのではないかと思うこともありました。

しかしだからこそ、部員の肝の据わり方は同世代の子にも、そんじょそこらの大人たちにも負けてはいないというプライドを持つこともできました。

熾烈なレギュラー争いの中で、私は絶対に甲子園であのユニフォームを着るのだと、必死に練習しました。

外野手を務めていたので、矢のような美しい送球ができるようになりたいと、魂を込めてひたすら投げ続けていました。

しかし、それがあだになり、利き腕だった左腕を疲労で痛めてしまいました。

そして二年生の九月に、利き腕を完全に潰してしまったのです。

腕に異変があることには気づいていました。しかし練習がしたくて、病院へ行く時間も惜しかったのです。

学校の近くで針を打って治療してもらっては、だましだまし投げていました。

しかし、ある試合前の練習で思い切り投げたら腕から「びしっ」という音が聞こえてきました。

（これは折れたな……）

自分の腕の状態が最悪だということはすぐにわかりました。即入院し、手術をすることになりました。

診断は、疲労骨折でした。筋肉が発達しすぎたために折れてしまったようです。

断絶した部分にボルトを何本か入れて留めていたのですが、三年生の夏、つまり最後の試合への出場は絶望的でした。

「荷物をまとめて実家の西尾に帰るか？」

監督が声をかけてくれました。

「諦めたくないです。とにかく三年間、仲間と野球を続けたいです」

どうすれば野球を続けられるかなど思いつきもしませんでしたが、私はとにかく続けたいと懇願するしかありませんでした。

すると監督があることを提案してくれました。

「メンバー落ちは免れない。ならば、マネージャーとして野球を続けるか？」

マネージャーになれば、野球部の一員でいられます。

(だけど、仲間たちと野球はできない……) 強い悲しみが私を襲いました。

しかし、その悲しみによって自分がいかに野球を大切に思っているか気がつきました。

私は、監督から提案されたことと、自分がどれほど練習を続けたいかを仲間に相談しました。

彼らはとても真剣に聞いてくれ、一緒に考えてくれました。そして、マネージャーへの転身を打診されたその日に、仲間たちと監督の家に行きました。

「真悟は真剣に野球を続ける道がないか悩んでいる。どうかみんなと一緒に練習をさせてください」

仲間が私を後押ししてくれました。

「マネージャーの件を提案してくれたことはとてもありがたい話ですが、みんなと練習がしたい、みんなと同じように生活をしたいんです」

私もしっかりと自分の意志を監督に伝えることができました。

監督は私たちの思いを受け入れてくれ、その後私は練習と一年生のコーチング、通院という生活が始まりました。

利き腕を変える決意をする

野球部に残ることはできました。しかし、以前のように腕は動きません。あのユニフォームを着て仲間と試合に出るにはどうしたらいいのか……。皆目見当もつかず、焦る私に監督の一言が希望の光を与えてくれました。

それは、監督が若いころに観たという『左ききの拳銃』という映画の話でした。ポール・ニューマンが演じる、左利きの伝説のガンマン、ビリー・ザ・キッドの復讐劇です。

「右腕をダメにしたビリーが、利き手を変えて復讐を果たした」

監督がそのような説明をしてくれたとき、私は雷に打たれたような衝撃を受けました。

（俺に逆の腕で投げろということか？）

もともと思い込みの激しいタイプですから、ひらめいたら一直線です。無理だとかそんなことは考えませんでした。

それからは、朝の三時、四時に起きて、誰もいないグラウンドの雨天練習場で投げる練習をしました。

授業と通常の練習が終わった後も夜遅くまで黙々と投げ続けました。

そのとき練習につき合ってくれたのが、祖父江です。彼は私が怪我をする前からサポートしてくれていました。

怪我をしてからは環境が変わって離れてしまったのですが、早朝や深夜の練習につき合ってくれるよう頼めるのは彼しかいませんでした。

私一人ではとてもここまではできなかったと思います。

半年が過ぎたころ、だんだんと右腕でもやれるという手応えを感じるようになりました。時期を逆算し、メンバー入りするためには、そろそろ監督にアピールしないといけないと思い、八〇メートルくらいの遠投をしていました。

私が思い切り遠くへ投げると、相手のところにバチッと入る。するとそれを見ていた監督が
「あれは誰だ？　どこの選手だ？」と言いました。私に気づくと、

「なんだ、真悟か……」

そう言うと、監督の目から涙が流れました。

「真悟がこれだけ頑張って……」と。

その涙は今でも忘れられません。その後、監督は全員に「真悟が投げた日」というレポートを書くように指示をしました。

みんな練習で疲れているのに夜遅くに一生懸命書いてくれました。文集の形でまとめられたこの一冊は、私の財産の一つになっています。

チャンスをくれた中村監督

「根性の人」だと私を形容する人もいますが、私にとっては「何のために名電に来たのか」

「何のために野球をやっているのか」ということだけを考えてきました。

夏のメンバーに抜擢されるためには一日一日がとても重要でした。ですから、ただ目の前のことをひたすらこなしていただけとも言えるのかもしれません。

そして選抜メンバーが決まるとき、与えられた背番号は一七番。一七名の中の一七番目で念願の選抜入りを果たすことができたのです。

私は右投げ用のグローブで出場するのですが、とるほうも投げるほうも何とかやりきりました。

ただ、左で慣れていた癖があるので慌てると体が慣れているほうに動いてしまって、送球が遅れてしまうという場面もありました。

特別な場面だけ注意深くいればいいということはありません。あれほど練習をしていても、ふとした瞬間に慣れているほうに反応してしまいます。

自分を変えたい、今までの習慣を変えたいと真剣に考えたら、私は日常の中でこそ厳しい鍛錬が必要だということを学びました。

また、名電には強打者がごろごろいます。

私はバッティングより、足が武器でした。

私は走ってホームインをするという役割に努めました。レギュラー入りで満足してはいけません。自分がチームの役に立つためには何をしたらいいのかということもいつも考えていました。


利き腕を変えて、再びみんなと一緒に野球ができた喜びは言葉にできないものがあります。

同時に中村監督の器の大きさには改めて尊敬の念を抱かされます。

中村監督でなければこのような奇跡的なことは起こらなかったでしょう。

野球部内はいつも真剣勝負で、気の休まるときはほとんどありませんでした。

練習も厳しい、寮生活も厳しい。みんな伝統を背負っていますし、「甲子園」という簡単には行くことのできない場所を目指しているからです。

何事にも言えることですが、ピーンと糸が張っている状態で、ぷっつりと切れたらそこで終わりです。

骨折で病院に運ばれたあのとき、監督が「お前はだめだ、帰れ」と言えばそこで私の高校野球人生は終わりでした。

しかし、私がどうしても諦めきれないと相談すると、「じゃあやってみろ」と言ってくれました。

復帰できるかどうかもわかりません。私を切ってしまうことのほうがずっと簡単で賢明な選択だったと思います。

それでも監督は私にチャンスを与えてくれました。

名電高校に入って、監督に巡り合えたことは本当によかったと思います。

ですから、監督の教えを受けた先輩方、後輩が大勢活躍しているのを見ると「やっぱりな」と思います。

私なんかまだまだです。いつも彼らの活躍に刺激を受け、勉強させてもらっています。

一般社会で揉まれながら、名電高校での教えを糧に頑張る

卒業後は、家業を継ぐために二年間名古屋の人形屋に修行に出ました。

もともとは東京へ修行に行くはずだったのですが、監督の知り合いの方に人形屋を営んでいる人がいるからということで、急きょそちらへ行くことになりました。

そこでは、二年間、野球とは違った世界を学びました。

揉まれて、挫折を経験しました。そして社会の冷たさや野球で学んだものとはまた違う礼儀

や仕事に対する姿勢を学ぶことができました。

地元にいるときは野球をして美味いものを食べて、好きなことをして……という生活から、一転して、右も左も何もわからないような環境の中で言われたことをして、わずかなお給料も生活費として消えて、手元には少しも残らなくて、というような生活になりました。

そこから私はお金のありがたさを学び、親のありがたさを感じることができました。

名古屋は人も多いので、いい人も悪い人もたくさん見ることができました。

高校を卒業したての一八歳の私は、周囲の大人たちはみんな自分のことを馬鹿にしているような気がして、悶々として過ごしていました。そして、世間知らずな自分を痛感させられました。

例えば、私は友人から風呂なしの一軒家を借りて生活していました。

風呂がないので銭湯に行くのですが、近くには一軒しかありませんでした。だからそこに行くのですが、なにやら様子がおかしいのです。

「刺青禁止」と張り紙には書いてあるのに、お客さんの背中や腕にはそれらしきものがある。

あるとき会社の人に相談したら「ばか。そこは、そういう人たちしか行かないところだ」と言い、違う銭湯を教えてくれました。

よく何日も通っていたものだなと、今考えると怖いことです。そういうことを通じて、社会というものを一つひとつ学んでいきました。

子どものころに見ていた父と母の仕事に打ち込む姿。それを継ぐようになってから私も同じように慌ただしい日々を過ごしています。

周りに「無理だ」と言われながらも、どうしても入りたかった名電高校。そこで出会えた中村監督。監督が私を強くしてくれました。

人生、本気になったら変えられないものはありません。

目指すところをよく見据えて、腹をくくれば大きなエネルギーがわいてきます。

そして明日がどうなるかは誰にもわかりません。

だからこそ私たちは一日一日、自分の家族や周りの人たちを大切にして過ごしていかなくてはいけないのではないでしょうか。

第14章
中村龍明

野球を全力でやりきったからこそできた「ゼロ」からの出発

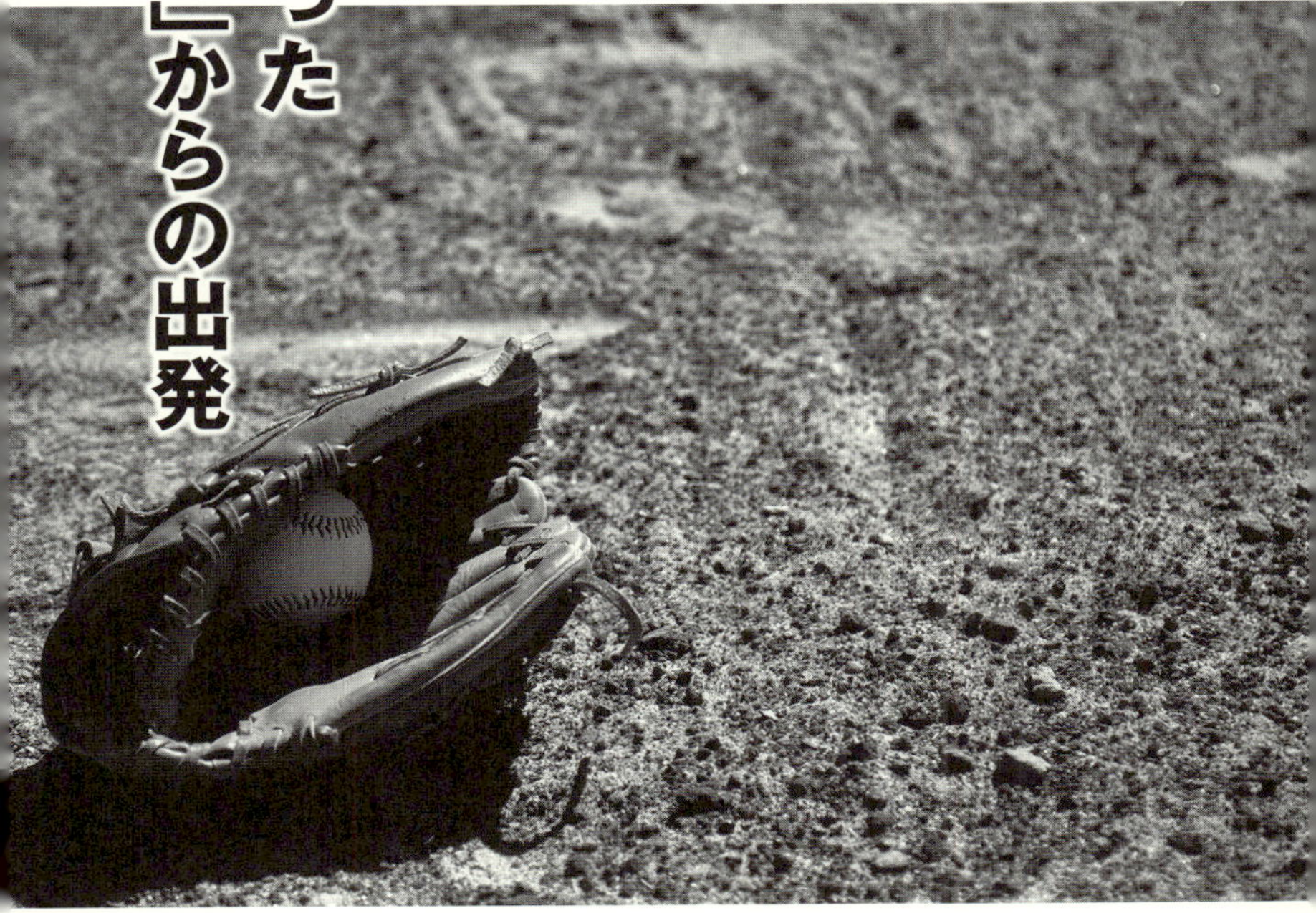

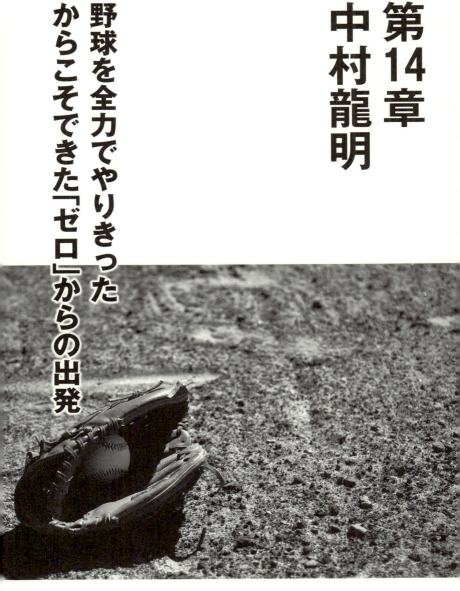

中村《なかむら》龍明《たつあき》

一九六五年生まれ。愛工大名電高校卒業後ゴルフを始める。二三歳のときに二度目のプロテストに合格。三〇歳で拠点をアメリカに移し、海外のツアー・トーナメントに挑戦。現在は菰野倶楽部ジャック・ニクラウスゴルフコースに所属。

「左1軸」スイング理論を実践・指導できる数少ないプロの一人として注目されている。『週刊ゴルフダイジェスト』などに連載を持つ。

中学校の校長先生の勧めで名電野球部へ

僕がゴルフを始めたのは高校を卒業してからです。

そして、二三歳のときにプロゴルファーになりました。

幼いころから野球一筋なので、ゴルフを始めたときも、プロテストに合格したときも周囲からとても驚かれました。


野球は小学生から始めました。

中学でも野球部に所属し、進路を考えたときに、勉強よりも野球がしたいと思い、野球の強い高校を希望しました。

愛工大名電高校は甲子園にも出場していましたが、中京高校や東邦高校、愛知高校、享栄高校と比べると知名度はまだ高くありませんでした。

ですので、名電高校は視野に入れていなかったのですが、やんちゃばかりしていた僕を寮に入れて根性を叩き直そうと思ったのか、中学校の校長に名電高校を勧められました。

中村監督がその校長の教え子に当たるようで、中村監督の指導法が僕に合っていると思ったのでしょう。

そのようないきさつで、僕は特待生として名電高校の野球部に入部することになりました。

もっと野球が強い高校に行けると思っていたことからわかるように、腕には多少自信がありました（中学三年生の一二月に行われる入寮前のキャンプに参加する前まではですが……）。

「ピッチャーで四番をとるぞ！」

と、意気込んでキャンプに参加しました。

開始前に案内された先のドアを開けると、そこにはとても体格のいい人が五、六人います。

先輩だと思った僕は咄嗟に、

「こんにちは！」

と頭を下げました。

しばらくすると迎えが来て、

「よし、新入部員は全員来い」

と言います。

僕は目が点になりました。その部屋にいたのは全員同級生だったのです。

僕は一七五センチ近くあり、中学までは後ろから二、三番目の身長でしたし、自分のことを大人っぽいほうだと思っていました。

しかし、彼らと並ぶと僕は低いほうから二番目の身長でした。

（何で同い年なのに、こんなおっさんぽいやつがいるんだ……）

僕は衝撃を受けました。

さらに話をすると彼らはずっとピッチャーをやってきて、大会などでもそれなりの成績を収めていました。

体格でも技術でも自分は敵わないと悟り、僕がここでピッチャーを務めるのは無理だなと痛感しました。

僕を見た準特待生の部員も、

（どうしてこいつが特待生なのだろう……）

と、思っていたかもしれません。それくらい力の差がありました。

厳しい寮生活の中で、人間関係の基礎を学ぶ

僕たちの学年は中村監督が就任して三年目に当たる年でした。

一年目には鴻野淳基さん、その翌年には工藤公康さんや中村稔さんが入り、チームをより強

化していこうという方向の中で僕たちが集められました。

ですので、スカウトやセレクションの段階から、

（ピッチャーはこいつで、キャッチャーはこいつで……）

と、中村監督の中には構想があったようです。

僕にはセカンドのポジションが与えられましたが、まともに野球ができるようになるのは上級生になってからでした。

一年生のときはとにかく先輩方の雑用に追われていました。

寮のルール、先輩たちからの指導。初めて親元を離れて過ごす僕にとって寮生活は、とにかく厳しいことばかりでした。

寮に入ると、最初の一週間は猶予期間が与えられます。その間は先輩たちがしきたりや言葉遣いを優しく教えてくれました。

（これなら高校生活もやっていけそうだぞ……）

と、思うのですが、一週間を過ぎた途端に、人が変わったかのように先輩たちが厳しくなるのです。

「今までのようにお客さん扱いはしないぞ」

ギロリとにらまれ、昨日までの優しい先輩は一体どこへ……。そこから地獄のような日々が始まりました。

特待生という名で入るので自分は特別だと思っていましたが、まったく甘い考えでした。特別どころかゴミ以下の扱いです。

もちろんそのように扱われたのは僕だけではありません。全員がとにかく耐えていました。耐えきれなくて途中で脱落していく人もいました。

甲子園を目指して入ったはずが、気がつけば一日をいかに無難に過ごしていくかということばかり考えるようになりました。

唯一心が休まるのはグラウンドを離れて教室で過ごしているときでした。

早く学校に行きたくて朝が来るのが待ち遠しく、練習漬けになる夏休みは憂鬱でした。

二年生になり、三年生になると甲子園へ行くという目標を掲げるようになるのですが、一年生のときはとにかくこの地獄の中でどう生き延びるかということだけを考えていました。

野球はチームプレーだということもあり、誰かがヘマをしてしまうとその同級生も一緒に責められました。

どんなに自分が気をつけていても要領の悪い人は必ずいます。誰かがミスをするとにかく憎らしく思いました。しかし、僕もミスをしてしまうこともありました。そこでお互い様だという気持ちを知ることができました。

また不思議なことに、先輩との日々を苦痛に感じていたのに、先輩が最後の試合を迎えたときは涙が出てきました。

他校とは違い僕たちは寮で一日中ともに過ごしてきました。同じ釜の飯を食った仲というのはこんなにも絆が深くなるものかと今思い出しても感慨深いものがあります。

人間関係の基礎は寮生活で学ばせてもらいました。

父親の影響でゴルフを始める

三年生になり、自分のチームの最後の試合を終えた後、僕は進路に迷い始めました。

プロ野球選手になれないのならば、野球はすっぱりとやめようと決めていました。

あるとき、ふと思いついて大学に行きたいと思ったのですが、担任の先生が通知表を見ながら、

「どこに行くつもりなんだ？」

と言います。

野球ばかりで勉強などほとんどしていなかったので、僕の学力では受けられる大学がなかったのです。その後はスポーツ用具を扱うメーカーの就職試験を受けましたが、そこも落ちてしまいます。

社会人野球という道も一瞬頭をよぎりましたが、

「そこで一〇年野球ができたとしても、引退してからは現場で一から始めないといけない。社会人としてのキャリアに遅れをとることになる可能性もあるよ」

と、先輩に助言され、プロ以外は野球をしないと決めていたこともあり、社会人野球は選択肢から外しました。

(高校を卒業したら僕は何をしたらいいのだろうか……)

僕は悩みました。中村監督はミーティングなどでいつも僕たちに、

「野球も大切だけど、自分の人生も大切に」

ということを話してくれました。

(自分の人生を大切にするには何をしたらいいんだろうか……)

先の長いこれからの「人生」をどうしたら大切にできるのだろうか、答えが見つからないままの日々が続きました。

ゴルフをするきっかけになったのは、父親の影響です。

ずっと寮生活で離れて暮らしていたので、息子と一緒にゴルフができることを父はとても喜んでいました。

父の喜ぶ姿を見て、親孝行のつもりでゴルフにつき合っていました。

はじめは全然球を打つことができずに空振りばかりしていて、面白いと感じることはありませんでした。ルールもまったくわかりませんし、当時はまだスポーツでは野球が一番だと思っていたので、他のスポーツに対してさほど関心を持てなかったのです。

しかし何度か一緒にプレーするうちにコツをつかみ始め、

（これはなかなか面白いぞ……）

と、思うようになり、気がつけばゴルフにはまっていました。

そして高校卒業後に本格的にゴルフの道に進むことを決めました。

しかし、当時は一〇〇オーバーするようなプレーしかできませんでした。

こんな〝ド素人〟がいきなりプロを目指すというのは無理だと思ったので、僕はアマチュアから始めようと思っていました。

しかし、知り合いのレッスンプロの方は、

「プロは甘くない。プロになりたいという気持ちがあるのなら、最初からそこを目指してやれ」

と言ったのです。その言葉が心に響き、僕は彼について、プロを目指すことにしました。

まずはとにかく球を打つ練習から始まりました。

「一日に一〇〇〇球打つように」と言われるのですが、練習はまったく苦になりませんでした。野球部だったころと比べると、チームプレーではないので自分のペースで練習ができます。走り込みも必要ないですし、当時は鍛えられていて体力があり余っていたので疲れるということを知りませんでした。

そのころの生活は、父の会社の援助とゴルフの練習場でのアルバイトでまかなっていました。昼はその練習場で練習をさせてもらい、夕方からアルバイトをしていました。練習場に来ているお客さんや仲間とコースを回ることもありました。

そしてゴルフを始めて最初の一年目に、八〇オーバーくらいのスコアで回れるようになりました。

思わぬ急成長に、

（俺が世界に羽ばたく日も近いぞ……）

などと自惚れていたのですが、すぐにスランプに陥りました。

しばらくスランプを味わったのち、また徐々に成績を伸ばしていきました。

テストに合格し、プロゴルファーになる

そしてゴルフを始めて五年目の二三歳のときにプロになりました。

異例の速さでプロテストに合格したので「彗星のごとく現れた」「あいつは誰だ」と、業界ではちょっとした話題になりました。

プロテストは二度目の挑戦で合格しました。一度目は惜しいところで落ちてしまったのです。

当時のテストは現在のものと若干異なり、四日間ラウンドしてプラス一〇オーバーで回ることができれば合格でした。

合格者が多ければ人数に審査が入りますが、当時はプロテストが難しく合格者が少なかったのでカットされることはあまりありませんでした。

一度目のテストの結果はプラス一四で、合格まで四打オーバーしてしまいました。

プレーを振り返ってみると、細かいアプローチのとりこぼしが目立ちました。

これまで一日一〇〇〇球スイングしてきましたが、パターの練習はほとんどしていなかったのです。

そして同年の秋のテストに向けて弱点を克服するために、コースでの練習を重点的に行いました。

二度目のプロテストで合格できたのは、目標が明確であったことが功を奏したのかもしれません。

当時プロになるということは、東大に入るより難しいと言われていましたので多少の運もあったかもしれません。

二度目の挑戦も、最終日に一一オーバーからのスタートだったので今回も無理かもしれないという気持ちになりました。しかしそのときに、同級生だった高橋雅裕のことを思い出しました。

彼は卒業後、現在の横浜ＤｅＮＡベイスターズの前身である横浜大洋ホエールズにドラフトで入団しました。当時の僕は生意気にも、

（彼がプロに行けるのなら俺も行けたのではないか……）

という気持ちを持っていました。

同級生がプロ入りしたというのは喜びもありますが、手放しで喜べないような悔しさや嫉妬心を感じていました。

（もう少し頑張ればよかった……）

という思いがどれほど悔しいものか。ですので、ゴルフではそのような後悔をすることのないよう、最後まであきらめずに一生懸命やろうと決めていたのです。

合格するには一〇オーバー以内に収めなくてはなりません。すべてパーで回っても足りませんが、アンダーパーで回るのは当時の僕の腕では難しいものでした。

しかし、途中のホールでアンダーパーを出すことができ、残り三ホールをパーで回れば合格というところまで漕ぎ着けました。

そして、一六番ホールをパーで通過し、難関と言われる一七番ホールを迎えました。

（ここでミスをしなければ合格できる……）

強い緊張で、体がガチガチでした。

しかし、あのときああだったら……という後悔はもう二度としたくありません。そこで中村監督が試合中によく言っていた、

「開き直ってやってこい」

という言葉が思い出されました。

（結果よりも、思い切りやろう……）

深呼吸をして思い切りフルスイングしました。

すると今まで飛んだことのないところまで球がのび、一七番ホールをパーで切り抜け、最終ホールではバーディーをとることができました。

ほかにも、中村監督の、

「どうせ一回やるのに、楽してやるのも思い切ってやるのも一回は一回だ」

「どうせやるなら死ぬ気でやれ」

という言葉を思い出し、調子がいいぞと思っても、「最後まで何があるかわからない」と、自分に喝を入れながらプレーしていました。

野球をやっていたことによって、体力だけでなくメンタルの部分も強くなっていたのだと思います。

例えば、もうだめかもしれないと弱気になったときに気持ちを建て直すなどです。

気持ちを強く持つことの大切さを学べたことは、高校時代に野球部に入っていてよかったと思ったことの一つです。

名電高校野球部だったころの思い出が、今の自分を支えてくれている

プロになってから一番苦労したことは収入面でした。

会社員であれば会社からお給料が出ますが、ゴルフは活躍しなければ稼ぐことができません。ほかのスポーツと比べて遠征費などの出費も多く、競輪のように試合に出場すると最低の賃金を貰えるといった保証もありません。

ゴルフの賞金だけで食っていくことの難しさは常につきまとっています。

しかし、いい面もあります。それは長く続けられることです。

野球などと比べると選手生命が長く、若い人とも競い合うことができます。

プロテスト合格後は思うようにツアーの出場資格がとれませんでした。

そして、三〇歳のときに、このままではいかんとアメリカPGAツアーを目指しアメリカのフロリダ州に本拠地を移しました。PGAツアーには予選を勝ち上がり四試合出ました。

そして主に南米ツアーに挑戦し、メキシコ、パナマ、グアテマラ、コスタリカといった地域を回りました。華々しい成績を残すことはできませんでしたが、そこで友達の輪が広がったこ

とはよかったと思っています。

現在はプロゴルファーとしての活動のほかに、そのときに出会った友人らと協力し、ゴルフ誌で海外の情報を発信する仕事もしています。

高校時代の仲間がさまざまな業種で活躍しているということを耳にすると、とても嬉しく思います。その活躍のベースには監督と過ごした野球部時代の経験があるのではないでしょうか。

中村監督との思い出の中ですぐに浮かんでくるのは監督の涙です。

とても涙もろい人でした。最後の夏の大会が始まる前にレギュラーにユニフォームを渡すときは必ず感極まって泣いていたのをよく覚えています。

三年間一生懸命やってきても選手から漏れてしまう人もいます。そのときに、

「これだけが人生じゃないから。ここでレギュラーになれなかったことが、社会に出たときに絶対役に立つから」

と言っていたことは忘れられません。

あのころは監督の厳しさや言葉の意味がわかりませんでしたが、今となってはそれがいかに大切なことだったのか実感しています。

ゴルフという野球とはまったく異なる世界に身を置く今でも、監督の言葉や名電高校野球部

だったころの思い出が僕を支えてくれています。

第15章
細川正臣

「お前がそんなこと言うな！」
一番としての自分の役割を痛感

細川正臣《ほそかわまさおみ》

一九六七年生まれ。愛工大名電高校卒業後は愛知工業大学に進学。愛知大学野球リーグで連続打席安打の記録を樹立。

株式会社スリーボンドやＮＴＴでの社会人野球生活を経て、三八歳のときに運送業に特化した派遣会社を創業。二〇〇六年訪問介護事業をスタート。

現在は株式会社コンバインサポートの代表取締役を務める。

一般生として名電高校野球部に入部

僕は小学二年生のときから野球を始めました。きっかけは野球好きの父親の影響です。少年野球には三年生からしか入れないのですが、早く野球がしたくて二年生のうちからチームについて回っていました。

父はよく球場に連れて行ってくれました。

初めて球場に行ったのは小学四年生のときです。

試合でファールのボールが出ると、場外にボールが落ちているはずだと思った僕は、試合終了と同時に一人でぴゅーっとボールを探しに走って行っては迷子になり、わんわん泣いていました。

中学でも野球部に入っていて、愛工大名電高校の活躍を目にしていました。

高校に進学するときに、僕は名電高校の紫色のユニフォームに憧れて、

「名電で野球がしたい！」

と言うのですが、親や先生から、

「バカじゃないか」

と一蹴されてしまいます。同級生にも、

「無理だ」

と言われて、誰一人応援してくれませんでした。

そうなると、僕も多少なりとも反骨心があるので、何とか名電に潜り込んで周囲を見返してやるぞと思いました。そこで、

「野球がダメでも、勉強をして愛工大に行ってしっかりした社会人になります」

と宣言をして、愛工大名電高校を受験することを両親に許してもらいました。


勉強はわりと得意だったので無事合格できた僕は、一般生として野球部に入部しました。野球部の部員とはいえ、一般生は寮に入れず、実家から通いで練習に参加して、球拾いやノックの手伝いといった雑用ばかりを行っていました。

特待生の中には、中学のときにバッテリーを組んでいたピッチャーがいました。中学では同じチームにいたのに僕は球拾いばかりの日々です。練習を眺めながら彼を羨ましく思っていました。

しかし、その彼は二か月ほどで寮生活に耐えられなくなり、脱走したきり高校もやめてしま

いました。

（入るのは難しいのに、出るのはこんなにあっさりしているのだな……）

なんてもったいないのだろうと思いましたが、後から彼がやめたことで僕たち一般生にチャンスが回ってきたのだということを知りました。誰かを補充しようという話になったそうなのです。

彼が脱走をしてから間もなくのことでした。僕はＯＢ会長とキャッチボールをすることになりました。何度かボールのやりとりをすると会長は、「うん、うん」と頷いて、「よし」と言いました。

（これはいったい何だろう……）

と思っていたら数日後に「細川も寮に入れ」という話になりました。

僕のどこが良かったのか、理由は聞けずじまいでしたが、あのキャッチボールは入寮の試験だったようなのです。

一般生から入寮した先輩には、僕の一つ上の学年で横井隆幸さんがいます。

高校卒業後に法政大学に進学し、トヨタ自動車野球部で四番を務めた方です。

横井さんの同級生の杉山智啓さんも一般生から入寮し、外野手で活躍した後、今は兵庫スバルの社長をされています。

彼らの前にいた都築さんという方が一般生から入寮した草分け的な存在でした。

彼は入寮後に病気になってしまったため、一年留年し、野球では目立った成績を残せなかったようなのですが、とてもいいカーブを投げるピッチャーとして評価されていたと聞いています。

彼が先陣を切って一般生から寮に入って、横井さん、杉山さんが続いたのです。先輩方が道を切り拓いてくれたおかげで僕も入寮できたのだと思います。

僕が中学生のころは、工藤公康さんが甲子園で大活躍していました。ですので、工藤さんや彼が着ていた紫のユニフォームに魅了された中学生が大勢いました。

一般生として野球部に入る人はあまり多くないのですが、僕たちの年は約四〇名ほど集まるという異例の年になったのです。

悔しさをバネに、レギュラーの座を勝ちとる

レギュラーになるまでは本当に地獄のような日々が続きました。

同級生たちは中学を卒業した三月の中旬からすぐに寮に入り、生活のしきたりなどを覚えます。特に一年生は練習よりも先輩たちの寮生活のサポートが中心になり、自分のことなどは後回しです。

そのような中で遅れて入った僕は、寮の怖さやしきたりもわからなくて、どんくさいことばかりしていました。教えてもらおうにも、同級生も先輩たちのお世話で手一杯なので僕に割く時間などありません。

当然ぼーっとしているわけにもいかないので、わからないなりに見よう見まねでやると失敗してしまって連帯責任になってしまいました。

一人が失敗すると先輩たちから「集合」がかかって厳しく指導されます。ですから、失敗の多い僕は同級生からも疎まれていました。

（絶対見返してやる……）

僕は、悔しさをバネにひたすら耐え続け、強みだった足の速さを活かして、最初にレギュ

ラーの座を勝ちとり、レフトのポジションに就くことになりました。

憧れのユニフォームに袖を通すことができた日のことは今でも忘れられません。

そして県大会を勝ち抜き、春の選抜を決める東海大会に出場します。

そこでは一番を打っていたのですが、あまりの緊張で五打数ノーヒットという散々な結果となってしまい、チームは敗退してしまいます。

そこで、甲子園への切符をとることはできませんでした。

ライバルの享栄高校、中京高校に勝利し、誰もが愛工大名電が甲子園に行くだろうというシナリオを描いていたなかでの悲劇。あまりのショックに帰りのバスの中では涙も出ませんでした。

悔しくもない、悲しくもない、怒りもない。まさに放心状態でした。

(この先はもうない、これからどうする？　どうしたい？)

自問自答をしたときに、野球部にいるうちはとにかくできることは全部やりきろうと思い、必死に自主練習を続けました。

グラウンドの全体練習が終わってから、風呂に入って、食事をして、その後の夜間練習に誰よりも早く行って、最後までバットを振りました。

その練習につき合ってくれたのが、ＯＢ会長の息子の奥村です。

冬の寒い中でも毎晩二時間ボールを上げ続けてくれました。

二人で、どの打ち方がいいかなど、腕を上げるための話し合いもよく行いました。

ＯＢ会長が練習のヒントをくれることもありました。奥村親子には本当に感謝の一言です。

そして卒業後は、愛知工業大学に進学し、野球部では一年生のときから三番を打たせてもらいました。

夏の大会では愛知県でもトップの成績を残すことができましたし、八打席連続ヒットの記録も持っていて、今でも僕がレコードホルダーです。

高校時代の冬の間の自主練習が花開いたのはすごく嬉しかったですし、「努力は報われる」ということは仕事をするうえでのポリシーとなっています。

四年間で通算安打が一二二本という記録も作ったので、卒業後はプロに行けると思いましたが、企業の社会人チームに内定がでたのでそちらに行くことになりました。

しかし四年目に休部になってしまい、ＮＴＴに移籍しました。

そして、野球はＮＴＴの社会人チームを最後に引退し、その後は運転手を派遣する派遣会社を立ち上げました。

三八歳で会社を退職し、一人でトラックに乗り始める

創業のきっかけは、中学の同級生とゴルフコンペで再会し情報交換をしたことでした。彼が地域のスーパーの商品配送をする仕事をしていて業績が上向いているということで、

「細川が派遣会社をするなら、運転手を入れてやる」

という話になりました。

一日いくらで何人に稼働してもらうと売り上げがいくらになって、利益がどのくらい出て……という話を聞いたときに、

（やってみたい！）

と、思ったのです。

当時の僕はＮＴＴに在籍していたので、定年まで安定が保証されていました。しかし、サラリーマンという働き方が性に合わないと感じていました。

出世をしても自分の限界はここまでだなという半ば諦めのような気持ちもありました。ならばここで起業して一勝負してやろうと思ったのです。

そして、三八歳になる年に退職し、まずは一人でトラックに乗り始めました。

まだ薄暗い時間に起きて、午前三時半から仕事をしました。配送が終わったら求人広告を作ったり、人づてに紹介してもらってドライバーを増やしていきました。

しかし、一〇名ほどのドライバーが集まったときのことです。収入と稼働のバランスが合わなくなってしまいました。

どうしたものかと改善策を練っていた矢先に、ある方から訪問介護という仕事の話を伺いました。

彼の試算表の数字を見たときに、業界の盛り上がり方に驚きました。そして、税理士にその試算表を見せて、

「これは現実的な数字ですか？」

と尋ねたのです。

「今時、こんなのは見たことがない」

と、税理士は答えます。

（やはり、訪問介護の仕事を教えてくれた方がうまくいっているだけかな）

と思ったのですが、愛工大名電の野球部で一緒だった奥村が同じような仕事をしていると言っていたのを思い出し、彼に電話をしました。

そして一〇年ぶりに再会し、試算表の話をすると、その表をじっと見て、

「ここはもうちょっと多い。ここは違うかな……」

と、言いながら、

「うん。うちとは少し違うところもあるけれど、プラマイゼロで十分にこの数字は出せる」

と、試算表の数字を可能にできるという結論を出したのです。

「奥村が言うんだったら、俺やるわ」

彼の経営のセンスや、情報に対する判断力を信頼していた僕は、その場で訪問介護の事業を始めることを決めました。

そして準備期間を経て、平成二二年の一一月に訪問介護の事業をスタートし、現在に至ります。

社会人になってからも生きている、中村監督の教え

愛工大名電の野球部の出身者には経営者が多いという話を聞きます。

経営者でなくても、その道で成功している人は大勢います。

僕も経営者の一人ではありますが、なぜだろうと考えたときに、中村監督の教えと、そもそもが目立ちたがり屋だという性格があるのではないかと思いました。

僕は、あの紫色のユニフォームに憧れて入部しました。

カッコイイ！　と思ってつられて入る。憧れだけで入りすぐにやめていく人もいますが、耐えてやり遂げた人というのは、内面的な強さも身につきます。

だからこそ自立してやっていけるのではないかと思うのです。

僕は今でもスーパーカーや新幹線、ジャンボジェット機などを見て、格好いいなと思います。格好いいと思う「何かに憧れる感性」と、中村監督の教えが結びついたことで花を開かせることができたのではないかと思います。

教えといっても中村監督は口うるさくあれをしろ、これをしろという人ではありませんでした。しかし、いつも見守ってくれていて、我々の考えを尊重してくれているという安心感と信頼がありました。

例えばある雨の日に雨天練習場で練習をしていたときのことです。

連続でスイングの練習をしていたのですが、僕はただ一〇回振るだけでなく、インロー、アウトロー、インハイ、アウトハイ、ど真ん中、と、来る球を想像しながら振っていました。

そのように練習をしていたら、中村監督は僕の隣にいてずっと同じコースばかり振っていた部員に、

「おい、細川を見ろ。一〇回のうち、ちゃんとコースを変えて、自分で考えて練習している」と言いました。

それを聞いたときに、よく見てくれているんだなと感じました。

中村監督は、普段口数が少ないからこそ、肝心な場面でポツリと発する言葉の重みがありました。

ある遠征試合では、ノーアウト二塁で打席が回ってきました。そこでランナーを進める進塁打を打ちたかったのですが結局、うまくいきませんでした。

ランナーに出た僕は何とかしたいと、サインが出ていないのに自分の判断で盗塁を行いました。そこでアウトになってしまうのです。

めちゃくちゃ怒られるだろうと恐る恐るベンチに戻ると、中村監督にノックバットのグリップのところで頭をコーンと打たれました。

しかし、その一度だけで怒鳴られることもありませんでした。

打てなかった責任を感じて、挽回しようとノーサインで走ったという気持ちを尊重してくれたのです。

別の試合では、とても速い球を投げるピッチャーと当たったことがあります。太刀打ちできずにベンチに戻るとメンバーに、

「どうだった？」

と聞かれるのですが、打てなかった恥ずかしさもあって、

「いやぁ……。速いわ……」

と、半分言い訳のような気持ちで言ってしまいました。すると監督が烈火のごとく怒りだしたのです。

「そんなことは言うな！　みんなが畏縮するだろう！」

はっとさせられました。僕は一番バッターなので、

「細川でもダメなら自分も無理かもしれない……」

とみんなの士気を下げてしまいます。そこで気配りができていたら、

「行けるぞ、打てるぞ」

という気持ちに持って行くこともできたかもしれないのです。

その瞬間、自分の役割ということを強く意識するようになりました。

いつも怒られる理由が自分でも理解できているので、監督に言われたことに理不尽さを感じ

たことはありませんでした。

だからこそ監督の教えに忠実であろうと思えたのだと思います。

監督の教えは社会人になってからも生きています。特に、

「喉元過ぎれば熱さを忘れる」

という言葉は今も強く胸に残っています。

トラックの仕事をしているときは、夜中に起きてその日の深夜まで仕事をして、二、三時間眠ってまた仕事をするという日々でした。

今では介護の事業一本になり、時間に余裕も持てるようになりましたが、あの日々は忘れられません。

あのときがあったから今があるのだと思いますし、あのときに大変な思いをしたから今はまぁいいか、と適当なことをやっていたらあっという間に足元をすくわれてしまうことでしょう。

名電高校では、生き方を学ぶことができた

社員の教育においても、監督から習ったことや指導の仕方の影響を受けています。

高校生という一番多感なときに学んだことですから、意識をしなくても無意識のうちに体に

染みついているのだと思います。

ですから、社員が僕の言うことを聞かず、思うように結果を出せないでいるのを見ても、「なぜ言われた通りにせずに、違うことをやっているんだ？」

ということをよく調べて、理解できるまで頭ごなしに叱りません。

「そういう風に思っていたのか」

と、原因がわかるまで、僕は話をします。

中村監督はあまり話をしませんでしたが、眼力があるので、パッと要点を突かれて、

「おっしゃるとおり」

という感じでした。僕はまだその境地には達していないなと思います。

今、僕が経営している介護の施設には約二〇名の入居者の方がいます。

入居者の方や社員の悩みなどに接するとき、ふと、中村監督なら何と言うだろうかと考えることがあります。

叱る技術だけではありません。監督には人情を大切にするということを教えてもらいました。

夏の大会の決勝で負けた次の日の朝のことです。中村監督が準優勝のメダルをレギュラーのメンバーに渡してくれたのですが、最初にメダルを渡されたのは、僕たちの同級生でベンチに

入れなかったマネージャーたちでした。

「自分たちが先に受けとるのは申し訳ない……」

マネージャーたちが躊躇していると、中村監督は怒って、

「お前らが一番先にもらうべきだ！」

と、彼らの首にメダルをかけました。

つまり、全員で得たメダルなんだということを示してくれたのです。

今でもその光景が鮮明に思い出されます。サポートをしてくれる人を大切にしようという気持ちは、そのときにしっかりと刷り込まれました。


多感な時期に、理不尽さだけでなく、中村監督が教える生き方を学べたことは、僕の財産です。

生き方を学びたくて名電高校を選んだわけではなく、それらは一方的に与えてもらったものですが、本当に幸運な機会だったのだとこの歳になってしみじみと思います。

あのころのことを思えば、何が起こっても乗り越えられると信じられるようになりました。

お金は使うとなくなりますが、私が高校時代に得た経験は、誰にも何にも奪われることはあ

りません。

一生失うことのないかけがえのない財産を与えられたことに、ただただ感謝するばかりです。

第16章
竹本剛志

「必ず三年間やります」という約束の先にあったもの

竹本剛志《たけもとたけし》

一九七〇年生まれ。中村監督と同じチーム（電電東海野球部）で野球をしていた父親の影響を受け、愛工大名電高校野球部に入部。卒業後は拓殖大学に進学。ゼネコン関連の会社を経て、二〇〇六年清掃業を営む三愛クリーナー株式会社の代表取締役に就任。

甲子園を目指し、名電高校野球部に入部する

私は生まれる前から中村監督とご縁がありました。

というのも、父がＮＴＴ西日本名古屋野球クラブ（当時の電電東海）でプレーしているときに同じチームに中村監督が所属していたからです。

当時生活が苦しかった父は、中村監督を頼って居候をさせてもらっていたそうです。

父と母、中村監督夫婦の二組の夫婦で共同生活を行っている中で私が誕生しました。古い記憶をたどると、工藤公康さんをブルペンで見ていたような気がします。

同居は私が幼いころに終了していたので、中村監督と一緒に暮らしていた記憶はほとんどありません。しかし監督にお会いすると、

「あのときの子どもか……」

といつも目を細めてくれました。

小学生になるとボーイズリーグで野球を始めました。

ポジションはピッチャーで、一度だけ全国大会に出場することもできました。

そしてほとんどの野球少年と同じように、私も甲子園への夢を見るようになりました。

甲子園出場のキップを手にするためにはどうしたらいいかと考えたときに、愛工大名電高校で野球をしたいと思いました。

愛知県には強豪校も多くありますが、中でも名電は打撃も守備も他校より優れていると感じていました。

そこで父に、「名電高校に行きたい」と相談をしました。ボーイズリーグでピッチャーをしていたとはいえ、飛びぬけてセンスや技術があるわけではなかった私に父は、

「無理だろ……」

と難色を示していました。

しかし何度も本気で甲子園を目指していることを伝えるうちに真剣な思いが届いたのか、根負けしたのか、中村監督に打診してくれました。

正直、父と監督の関係を知っていたので入れないかもしれないということも考えていました（その可能性のほうが高いと思っていました）。

中村監督にお会いすると、

「お前本当に大丈夫か？　やめるなら、今やめておけよ」

と何度も釘を刺されました。しかし、チャンスを目の前にして引くことはできません。

「必ず三年間やり遂げます」

と、約束をして入部することになりました。

名電野球部で、社会で生き抜く逞しさが身についた

名電高校の野球部に入ると、内野手に希望を出しました。

ずっとピッチャーをしていたとはいえ、そこには今までの自分の技術ではとても太刀打ちできないような猛者たちがゴロゴロいました。彼らとの力の差をひしひしと感じて、

（これは無理だ……）

と、思ったことをよく覚えています。

力の差に、プレッシャーの大きな練習。入部してからは心が折れてしまいそうなことが続きました。

あまりに練習が厳しいので、腕に自信があっても投げられなくなってしまう選手もいました。

例えば中継キャッチボールの練習のときのことです。一年生のときから三年生と練習をさせ

てもらっていたのですが、これがとても緊張するものでした。

なぜならば、ボールを先輩に投げないといけないのでミスが許されません。

相手のピッタリの位置に、正確な球を投げなければ後でケリを入れられてしまいます。

遠くに投げるのは幾分気が楽なのですが、近距離で正確に渡さなければいけないというプレッシャーに委縮してしまい、投げられなくなってしまうのです。


練習中はとにかく神経を張って、常にプレッシャーを与えられておかないと、本番のときに思うように動けないのだということを学ぶことができました。

そのプレッシャーに耐えきれず逃げ出してしまうメンバーもいました。寮からの「脱走」です。一人で逃げるのではなく集団で脱走することもありました。

脱走したメンバーの中の一人は、中学生のときは悪ガキとして悪名をとどろかせていて、とても怖い存在で有名でした。

彼とは、隣の中学だったこともあり、一緒に試合をしたこともありました。

ヒットを打って一塁に行くと、ファーストを守っていた彼が試合中にぶわっと砂をかけてきたりしたこともありました。

（彼と同じチームなんてこれは大変なことになるぞ……）

と思っていました。

そんな彼でも練習に耐えきれなくて逃げてしまいました。


脱走という表現は少し仰々しいかもしれませんが、寮は刑務所とは違うので、実際は自分がやめようと思えばいつでもやめられます。

個人の性格もあるので、リタイアしてしまうのは仕方のない部分があります。

当時の私は、脱走していったメンバーに対しては、

(何も逃げなくても……)

という怒りとやりきれなさを感じていました。

野球は集団で行うスポーツなので、一人が脱走すれば連帯責任になります。

無責任な行動がいかに他人に迷惑をかけるのかということも、そこで知ることができました。


脱走者が出る一方で、残ったメンバーは結束を強めていきました。

私の年は部員が少なくて、マネージャーを入れて一〇名しかいませんでした。

それでも夏の甲子園に出場し、高知商業高校に勝利することができました。

「甲子園に必ず行くのだ」という夢を果たすことができたのはとても感慨深いものがあります。

あの空間でしか味わえない、圧倒される感じと大歓声が今でも鮮明に記憶に残っています。

とはいえ、甲子園に出場できるかどうかわからない日々の練習のなかでは、必ず三年間続けると約束をしたものの、先輩の理不尽な要求やキツい練習にめげそうになることも多々ありました。そして何度も、

(もう逃げ出してしまいたい……)

という気持ちがよぎりました。

しかし、父と監督の関係や、夢がかろうじて私をつなぎとめ、何とか耐え抜きました。

やめていく人数のほうが少ないということもあり、多くの仲間がつらいことがあっても耐えているのだと思うことも支えになりました。


抜けていったメンバーを恨んだこともありますが、スパッとやめて、その後、生き生きとしている姿を見るとそれでよかったのだと思えるようになりました。

それぞれの生き方があるので、自分らしくいられることは大切なことだと思います。

ただ、忍耐という部分では、逃げ出した彼らと私たちの間には明らかな差ができたのではないでしょうか。

逃げずに耐え抜いた私たちが得たものは何物にも代えがたい、かけがえのない財産です。

例えば会社が倒産してしまっても、またそこから這い上がってくる雑草魂があるということです。

どんなに踏みつぶされても這い上がって立ち上がるという、社会で生き抜く力が身につきました。

私も会社を経営しているので倒産のリスクは常にあります。もちろん潰さないように全力で仕事をしていますが、たとえ転んでも必ず乗り越えられるという自信があります。

大学卒業後、サラリーマンを経て家業を継ぐ

高校卒業後は、拓殖大学に進学して東京での暮らしを始めました。

ずっと地方に住んでいたので、若いうちに都会を見ておきたいという気持ちがありました。

そして現在の三井住友建設に入社して五年間修業をした後に、家業である清掃業を継ぐことになりました。

私は甲子園に行くことのほかに、いつかは自分で起業して経営をしたいという夢がありました。

その夢を叶えるために、野球は大学の四年間ですっぱり終えました。

現在は経営に携わっていますが、家業を継いでいるだけとも言えます。ですので、今でもいつかは起業したいという思いがあります。

自分で会社を興したいという気持ちは、父の背中を見ていた幼いころから持っていました。その漠然とした願望を、

（現実にしていこう、私にもできるのだ！）

と確信に変えてくれたのは中村監督でした。

監督から、野球以外のこともたくさん学んで、「やればできる」と、社会の中で生きていくイメージを持つことができました。

今の仕事である清掃業は、先代である父が興したものです。平成一八年に私が二代目として受け継ぎました。

主な業務はビルのメンテナンスと、新築ビルの引き渡し前清掃などの清掃全般の請負です。また、出張の洗車と、石のタイルなどが張ってある床に滑らないような塗料を塗るなどの加工の仕事。この三つの柱で事業を展開しています。そのほかには少しだけ人材派遣業を営んでいます。

熱意や情熱こそが大切

中村監督はいつも私たちに、

「人生のレギュラーになれ」

とおっしゃっていました。その言葉に私は、

「野球だけじゃないんだ」

という衝撃を受けました。

甲子園に行くという夢だけをただひたすらに追いかけているときは、人生にはその先があるのだということが見えません。

しかし、甲子園出場というのは叶っても叶わなくても、三年間というリミットがあります。その先を見据えるということがいかに大切なのかを教えてくれたのは中村監督でした。

大学で四年間野球をしているときも、目の前のことに力を注ぎながらも、頭の中では次に進むべき道のことを考えられたのは高校生活のおかげです。

いつか来る終わりと、そこからのスタートを意識して、「人生のレギュラー」を目指せば、どんなことがあっても頑張ることができるのだと思います。

しかし、どんなに意識を持っていても、道をそれてしまうこともあります。私は、事業で大きな失敗をしたことはありませんが、会社が大きくなるにつれて調子に乗ってしまい、家庭をないがしろにしてしまった部分がありました。

今振り返ると、それでも側にいてくれた妻に感謝しています。

妻だけでなく、道を外れそうになってしまった私に、父や、中村監督、仲間たちが忠告してくれて、あるべき場所へ引き戻してくれました。

そのようなことがまた学びとなり、私の中に（周りの人たちを幸せにしていきたい）という気持ちが芽生えました。

両親や家族、従業員、仲間、私がお世話になった方々に、恩返しをしたいと思っており、そのような気持ちで日々の仕事に取り組んでいます。

とはいえ、その思いは一日、二日で結果が出ることではありません。できていると思っても、まだまだ足りないところもあるでしょう。

（私の行動は、思いと言行一致しているだろうか……）

そう思うときには中村監督から教わった、熱意や情熱というものを思い出すようにしています。

例えば、情熱キャッチボール。情けをとりやすい所に投げて、熱を持って受けるという教えがとても印象に残っています。

「情」と書いて「熱意」と読むのだと、中村監督はおっしゃっていました。

私もお世話になった方々、これから出会う方々に対して、そのように向き合っていきたいと思っています。

報酬や利益のことばかりを考えるのではなく、まずは自分のできることに「情」を込めて相手に投げる。

つまり、相手のいいところを見て、そこをきちんと伝えたり、思いが届くように気持ちを込めて行動するということが大切なのだと思います。

思いを届けることから逃げ出したり、受けとるときにしり込みせずに、自分の人生を最高にしていけたらと思います。

人生は一度限りです。私は自分の人生から逃げることなくとことん向き合っていきたいと思っています。

おわりに

今回のインタビューを通じて、それぞれで高校時代の印象に残っている言葉が違っているのだなという発見がありました。そして、皆、苦しいときに野球部のことや中村監督の言葉を励みに乗り越えてきたのだと改めて感じました。

中でも、山﨑武司氏が話してくれた、中村監督と野村監督が似ているという話はとても興味深く、話を聞いて「なるほど」と納得しました。

今は時代が違うところもあるので、野球部での生活、先輩後輩という厳しい上下関係を時代錯誤だと感じる部分もあるかもしれません。また、私は決して当時と同じような教育を再現することを推奨しているわけではありません。

しかし、プレッシャーがあるからこそ伸びるというのは、どの時代においても変わらないものだと言えるのではないでしょうか。

私は、大人や先輩から「自由奔放に生きて結果を出してくれ」と言われることのほうがよほど理不尽なことだと思うのです。

若いころには親や指導者からの多少の強制が必要だと思いますし、その中でどのように頑張るか、やり続けるかという経験が社会の中で対価を得るためには不可欠です。

対価とは仕事の成功、報酬、その場に居続ける権利などがあるでしょう。

はじめに、でも述べていますが、頑張っても結果が出ないこともあります。しかし、頑張らなくては対価を得られることは決してありません。

必ず成し遂げるという強い気持ちを、厳しい環境の中で持ち続けることができるかどうかが大切です。

本書には、自分の理想を形にするためのヒントがちりばめられていると思います。

最後になりますが、中村豪監督をはじめ、インタビューにご協力くださったＯＢの皆さん、企画から取材に同行をしてくださった新灯印刷の後尾和男社長、構成の安次富陽子さん、総合法令出版の関俊介さん、そしてすべての関係者に心より感謝申し上げます。

執筆中、私自身が当時を振り返りながら新たな発見や、気づきを得ることができました。

私が受けたこの感動が、本書を通じて読者の皆さんに届くよう願うばかりです。

阿部観

阿部《あべ》　観《みつる》

1971 年生まれ。愛知県出身。

愛工大名電高校野球部時代は２学年下にイチローがおり、同じグラウンドで汗を流す。

高校卒業後は愛知県内で様々な仕事に携わり、1999 年に上京。アクティサービスを設立する（2010 年に愛商物流に社名変更）。

現在は愛商物流株式会社代表取締役、東商物流協同組合理事長、パッションリーダーズ副理事などを務める。

著書に『10 年後も稼げるホンモノの仕事』（ブランポート出版局）、『今日から稼ぐ「軽トラ」起業』（ぱる出版）がある。

企画協力　スタックアップ
編集協力　安次富陽子
装丁　萩原弦一郎、橋本雪（デジカル）
本文レイアウト　土屋和泉

写真　shutterstock／fotolia

最強の人材育成メソッド

2015年1月3日　初版発行

著　者　阿部 観

発行者　野村 直克

発行所　総合法令出版株式会社
〒103-0001
東京都中央区日本橋小伝馬町15-18
常和小伝馬町ビル9階
電話　03-5623-5121

印刷・製本　新灯印刷株式会社

 ISBN978-4-86280-430-3